JOHANNES VOM KREUZ
IM DUNKEL DAS LICHT

REIHE
KLASSIKER DER MEDITATION

JOHANNES VOM KREUZ

IM DUNKEL DAS LICHT

EINE AUSWAHL AUS SEINEN WERKEN

Übersetzt und eingeleitet von Irene Behn

BENZIGER VERLAG

Leicht veränderter Nachdruck der 1958
unter dem Titel «Die Gotteslohe»
im Johannes Verlag erschienenen
Ausgabe.

Veröffentlicht als Band der Reihe «Klassiker der Meditation»
im Benziger Verlag, Zürich–Einsiedeln–Köln 1978

Umschlaggestaltung: Peter Kunz, Bülach/Zürich
ISBN 3 545 20512 6

INHALT

Einleitung 7
Texte 41
I. Die dunkle Nacht 43
II. Geistlicher Gesang 72
III. Lebendige Liebesflamme 116
Anmerkungen 139

EINLEITUNG

Johannes vom Kreuz hat sich keinem Maler gestellt; und auch jetzt noch scheint er sich im Licht seiner Heiligkeit wie seiner Genialität eher zu verbergen als zu entdecken. Es hat ihn nur die große Teresa von Jesus aus gleicher, ebenbürtiger Höhe gesehen, mit ihren unbeirrbaren Augen, und so gezeichnet:

Einen und einen halben Karmeliten habe sie für die geplante und unaufschiebbare Reform des Mönchskarmel gewonnen. Der ganze Karmelit war der Prior des Mönchskarmel zu Medina, wo die Reformatorin ihr zweites Nonnenkloster ursprünglicher Observanz gegründet hatte; der halbe Karmelit war jener Juan (Johannes), der damals noch Juan de San Matía hieß. Demnach stand dieser, der ihr stärkster Helfer werden sollte, vor ihrem quantitativ messenden Blick in schmächtiger Gestalt. Die Armut seiner Kindheit, von ihm freudig aufgenommen, das Suchen nach einem frühen Broterwerb in dem Beruf eines Zimmermanns, dann in dem leichteren eines Schneiders, dann in dem verfeinerten eines Bildschnitzers, eines Malers; sein jahrelanger Krankendienst in einem Hospital zu Medina, kurz unterbrochen von abgestohlenen Stunden des Studiums im neugegründeten Jesuiten-kolleg, arbeitsschwere Tage, abgelöst weniger von Schlaf als von Gebet und erneutem Studium – das alles war nicht dazu angetan gewesen, eine angeborene adlige Verfeinerung in die Ganzheit eines kräftigen Mannes zu verwandeln.

Aber die Gründerin hatte erkundet: dieser junge Juan aus der adligen und angesehenen Familie der Yepes (geboren 1542) hatte das Angebot einer pfründengleichen Kaplanstelle an seinem Hospital zu Medina abgelehnt und hinter sich gelassen, gleich jenen handwerklichen und künstlerischen Berufen, und ein strengeres Leben in dem Karmel zu Medina gesucht; und dort hatte dieser «halbe» Karmelit ein Doppelleben begonnen, indem er mit Erlaubnis seiner Vorgesetzten die ungemilderte Regel inmitten der gemilderten durchführte. Dieser einzige Karmelit der ungemilderten Regel, dieser junge Priester und vielverheißende Gelehrte, der kurz vor dem Abschluß seiner Studien in

Salamanca stand, war er nicht Teresas vorherbestimmter Helfer, der Theologe und Wissenschaftler, der ihren Fragen des Gewissens und des Forschens Antwort wußte, der so schmerzlich entbehrte Seelenführer für sie selber wie für ihre Töchter, der die Stimme des göttlichen Mystagogen in ihnen nicht übertäubte, sondern zum Klingen brachte?

Vor der entscheidenden Zusammenkunft mit Juan de San Matía, im Jahr 1567, rang die Mutter des erneuerten Karmel in stürmischen Gebeten mit Gott, die Nacht hindurch; sie begehrte diesen Karmeliten von ihm als geistlichen Sohn, und am Ende fühlte sie sich erhört. Dennoch fand Teresa zunächst Widerstand: Juan hatte vor, auch das Doppelleben im Karmel hinter sich zu lassen und in einer Kartause vollkommenere Versenkung in Gott zu gewinnen. Und wenn ihn auch Teresa damit lockte, er könne in ihrem erneuerten Orden nicht anders die Abgeschiedenheit finden, so hatte er doch deutlich genug die Paradoxie vor Augen, in der Teresa, die eben noch streng klausurierte Nonne, zur weltfahrenden Gründerin, zur «Vagabundin» Gottes zu werden begann. Und sein Los als Gründer? Es bedurfte eines stärkeren Antriebes, damit Juan diese Stunde seiner Berufung nicht verkannte. Eine innerste Stimme hatte ihn in den Karmel geführt, mit einer Weisung, die seiner Demut nur in ihrem ersten Teil ausführbar erschien: «Du sollst Mir in einem Orden dienen, dessen ursprüngliche Vollkommenheit du mitaufrichten wirst.» Teresa bot ihm, ohne es zu wissen, Deutung und Erfüllung jenes substantiellen Wortes. Und Teresa vernahm nun Juans Lieblingswort, das ihn zu ihrem geistlichen Sohn und Vater machte: «Gleich – wenn es gleich sein kann!»

Allein auch die auskunftsreiche Teresa brauchte eine Frist, bis sie ihren eifervollen geistlichen Söhnen ein Klösterchen gefunden hatte. Die Zwischenzeit nutzt Juan, sein Studium in Salamanca abzuschließen, Teresa bei einer weiteren Gründung, in Valladolid, zu begleiten und dort in dem noch nicht ganz vollendeten und darum unverschlossenen Kloster sich von der Ordensmutter in die Weise ihres neuen Lebens, nicht zuletzt ihrer Rekreationen, einführen zu lassen. Und aus dieser Zeit sind Urteile der

Ordensmutter erhalten, die Juan nicht mehr quantitativ bewerten, zugleich aber auch von jeder drastischen Veranschaulichung abstehen, vielleicht angesichts einer unangreifbaren Vollkommenheit abstehen müssen. Er bedarf ihr keiner Probe mehr, im Gegensatz zu dem soviel reiferen Prior Antonio. Er ist, wie sie in einem Brief aus Valladolid versichert, ein Heiliger, dessen strenge Lebensführung sie begeistert. Da Juan zur Gründung des ersten Männerklosters nach Duruelo aufbricht, gibt sie ihm ein Empfehlungsschreiben mit.

«Obgleich es bei unseren Geschäften einigen Anstoß gegeben hat – und ich selber habe wohl Anstoß gegeben –, obgleich ich mitunter auf ihn ärgerlich war, haben wir doch niemals eine Unvollkommenheit an ihm entdeckt. Beherzt ist er... Sicherlich, er wird uns hier fehlen, denn er ist besonnenen Geistes und für unsere Weise geeignet... Er ist ein starker Beter und von großer Geisteskraft.» Niemals haben sie, die forschende Mutter wie ihre geistlichen Töchter, eine Unvollkommenheit an ihm entdeckt! Und selbst jene Unstimmigkeiten zwischen den Gründern, deren Schuld Teresa – sicher mit echter Überzeugung – auf sich nimmt, sie gewinnen nicht Gestalt. «Er war so gut», schreibt sie später in ihren «Gründungen» von der gleichen Zeit, «daß ich viel mehr von ihm hätte lernen können, als er von mir. Allein hier ging es um die Weise, die Schwestern zu fördern», und zwar durch die Art der Abtötung, des Gemeinschaftslebens und der Rekreation. Die Unstimmigkeiten, deren sie in diesem zeitlichen Abstand nicht mehr gedenkt, konnten nach dem angegebenen Aufgabenbereich jedenfalls nicht das Wesentliche betreffen.

«Da ich zwei Willen gewonnen hatte, schien mir nichts mehr zu fehlen», so beginnt Teresa jenes lebendige Kapitel ihrer «Gründungen», das dem ersten Mönchskloster zu Duruelo und ihrem schwesterlichen Besuch dort gilt. «Zwei Willen», sagt die Liebesmystikerin diesmal, und nicht «einen und einen halben». Wirklich hat sie ihrer Reform zwei heroisch liebende Willen gewonnen, die mit ihr den Weg zum höchsten Ziele beschreiten und weisen. Nun ist der «halbe» Mönch in der Gemeinschaft zweier heiliger Willen untergegangen. Und diese beiden Willen sind der Gründerin fortan in dem Maße nahe, wie sie Jesus nahe ist; Fray Antonio, nicht mehr de Heredia, sondern fortan Antonio de Jesus, und Juan, mit seinem neuen Namen Juan de la Cruz (Johannes vom Kreuz).

Fray Antonio, der getreue und noch immer zu wenig gewürdigte, er sollte sich später, im Jahr 1582, als priesterlicher Helfer über das Lager neigen, auf dem Teresa in der Glut des ersehnten Liebestodes aufflammte. Und er war es wieder, der am Sterbelager des soviel jüngeren Mitbruders Juan stand und die Türen zu seiner Zelle öffnen ließ, damit sein Liebestod apostolisch hinauswirke.

Auf die Weite des ersten Apostolats folgen für Juan Sonderaufgaben, die seine Eigenart stärker herausstellen und seine Sondergaben zu reicherer Entfaltung bringen: er wird Novizenmeister, Begründer eines Kollegs in Alcalá und weiterhin, seit dem Jahre 1572, Mystagoge für Teresa und ihre Töchter, und das unter besonderen Umständen: Teresa erhält und bewältigt eine der schwierigsten Aufgaben; sie wird dem klausurlosen Kloster der Menschwerdung zu Avila, das sie um ihrer Reform willen verlassen hatte, als Priorin und Reformatorin aufgezwungen. Und ihr Helfer dabei kann nur Juan de la Cruz sein. Diese fruchtbaren Jahre zu Avila, darinnen die beiden Gründer recht eigentlich zu Ordenseltern zusammenwuchsen, hätten von Teresa in einer zweiten und höheren «Vida» festgehalten werden sollen. In dieser Zeit von 1572 bis 1577, einer Zeit vorübergehender Trennungen bei Klostergründungen und immer wieder erneuerter Gemeinsamkeit, krönt Teresa ihr Schrifttum mit den «Moradas» und wird selber mit der höchsten Gnade des mystischen Lebens gekrönt, die von diesen beiden Heiligen als «mystische Ehe» umrissen wird.

Für die Kraft ihres gemeinsamen Wirkens spricht dieses: Die selben Schwestern des Klosters der «Menschwerdung», die der aufgezwungenen Priorin Teresa den Zutritt verweigert hatten, verehren ihren Seelenführer der erneuerten Regel als einen Heiligen, und die Mehrzahl von ihnen wählt Teresa im kritischen

Jahr 1577 wieder zur Priorin, obwohl sie dadurch der Exkommunikation durch einen reformfeindlichen Oberen verfallen. Juan ist in diesen Jahren immer durchscheinender geworden für das Licht, das ihm «im Herzen brannte». Nicht nur das Haus der «Menschwerdung», auch andere Klöster erbitten und gewinnen seine fehllose Führung. Deren Ursprung vermag er immer weniger zu verschleiern. Die Nonne Beatriz de Jesus hat es gesehen und andere als Zeugen herbeigerufen: ihr Vater Juan und ihre Mutter Teresa wurden in einer Doppelekstase von ihnen hinweg in Gott verzückt, an einem Sonntag der heiligen Dreifaltigkeit. Und es waren Juans Worte über das Mysterium der göttlichen Dreieinigkeit, der Anhauch seiner mystischen Erfahrung, die Teresa gleich ihm über alles Sagen und Lauschen emporgetragen hatten. Aber nicht jede Ekstase Juans war zugleich eine äußere Bekräftigung heiliger Gemeinschaft. So oft wurde der Helfer während eines fördernden Austausches von Gott ergriffen, daß Teresa seufzen mußte: «Mit dem Vater Fray Juan kann man nicht über Gott sprechen; denn gleich schwindet er zu ihm hinüber oder lässt zu ihm hinüberschwinden.» Immerhin gilt ihre vorsätzliche Krittelei der ersten Niederschrift Fray Juans, die nachgewiesen und nach Zeit – Anfang 1577 – nach Gegenstand und Behandlungsweise näher bestimmt ist. Es muß sich bei Juans Antwort um einen kleinen Traktat gehandelt haben; denn die Mutter schreibt einem andern Mitbewerber: «Ich verzeihe Euch Eure Irrtümer; denn Ihr waret nicht so ausführlich wie mein Vater Fray Juan de la Cruz!» Der eine Teil von Juans Traktat ist ihr zu sehr nach der Weise der Gesellschaft Jesu oder, genauer, zu streng in der Forderung schon erreichter Vollkommenheit als unumgänglicher Voraussetzung dafür, Gott in Gott zu suchen; das Weitere ist ihr schon zu sehr das Ziel, das Verweilen bei einer vollkommenen Gotteinigung. «Gott befreie mich von so vergeistigten Menschen!» scherzt sie am Ende ihres Urteils. «Mit allem, was ihm in Reichweite kommt, zielt er auf die vollkommene Beschauung.» Ein geringfügiger Unterschied besteht bei diesen beiden Mystikern; Teresa mildert die Steile des Weges zur Gotteinigung um ein weniges durch einige Schlängelungen und verweilt in den Kehren für einige Atemzüge bei ihren sinnenfälligen Gnaden, während Juan in der Richtung des fließenden Wassers unablenkbar emporstrebt. In jener Schrift des so «Vergeistigten» scheint sich schon der Schwung seines «Aufstiegs zum Karmel», schon die selige Gipfelrast seines «Geistlichen Gesanges» anzudeuten. Vor Ablauf des Jahres 1577 müssen weitere Schriften entstanden sein, und sie müssen wohl die ungebrochene Mystagogie der späteren Werke vorgebildet haben. Die Brüder von der milden Observanz hätten nicht nach jenen Schriften gefahndet, und vor allem hätte Fray Juan sie nicht vor ihrem Zugriff vernichtet, wenn ihre Mystik nicht bei der Inquisition als Illuminismus hätte verleumdet werden können.

In jenen Jahren zu Avila offenbart sich der Mystiker Juan nach Sein und Kraft weit über alles hinaus, was Teresa und andere über ihn aussagen konnten: ihn hat – gewiß nach einer Ekstase – die Vision des Gekreuzigten in bildhafter Deutlichkeit überkommen; und er hält im abgesunkenen kunstschöpferischen Bewußtseinszustand mit chinesischer Tusche dieses fest – nicht den Gekreuzigten, sondern wahrhaftig die Vision des Gekreuzigten. Schwarz-weiß ist dies Gebilde hingetuscht, mit unbegreiflicher Meisterschaft bis ins Technische, bei aller Wucht doch so immateriell in Linien und Flächen, daß kaum etwas Stoffliches bleibt, von dem man sich nach seiner Vorschrift schnell zu lösen hätte, daß der Betrachter vielmehr unmittelbar in das Geistige hineingezogen wird.

Wie ein Sturmvogel mit ausgebreiteten Schwingen braust immer noch hernieder das grell beleuchtete Kreuz, horizontal nach unten, das andere Künstler nur starr aufgerichtet wiederzugeben wissen; und lichtabgewandt, im Schatten des Kreuzes, im Schatten der niederhängenden Haare er, der Gekreuzigte, schier abgelöst vom Kreuz durch die Wucht des horizontalen Niederstürmens und in solcher Übergewalt der Liebe nur gehalten durch die Übergewalt der Nägel mit den dunkeln Keilen und den grell beleuchteten Köpfen; der zarte, tiefumdunkelte Leib, die Seele der Sünder überschattend, in leidenschaftlichem Erbarmen bereit, sie ganz gleich Küchlein zu überdecken, sein kostbares Blut auf geradem Weg vorauströpfelnd; der Gekreuzigte, der aus der Ewigkeit in Zeit und Raum und Seele einbricht, der Menschwerdung, Kreuzigung und Kreuzablösung in einem erleidet und darbietet; der Gekreuzigte, der die Hände aufreißt, um losgelöst die mystische Seele mit der Last seiner Schmerzen und Gnaden zu überdecken, zu überformen.

Juan konnte wohl nicht anders, er mußte diese seiende Erscheinung «festhalten»; er mußte sie «wiedergeben», mit der Freude, mehr zu geben, als er selber in sich war, Gott an Gott. Allein er hat sie nicht in Aneignung festgehalten; er hat diese empfangene Vision weitergegeben an die Schwester Anna Maria de Jesus aus dem Kloster der «Menschwerdung» und durch sie an ihr Kloster, das dies Bildnis noch heute bewahrt. Wie der Mystagoge Juan sich beim Brechen der Hostie entdeckt, so der Mystiker hier, bei diesem Empfangen, Festhalten und Weitergeben.

Hat Teresa jenes übergewaltige «Bildchen» gesehen? «Niemals kann ich ein kleines Kreuz vergessen ...» sagt sie von einem schlichten Kruzifix, das sie in Duruelo gesehen hatte und das sehr wohl von Fray Juan gestaltet sein konnte. Wie dem auch sei, die kleinen, oft launig übertriebenen Unstimmigkeiten sind auf einmal hinweggetilgt, und offenbar für immer. «Die ganze Stadt hält ihn für einen Heiligen,» ruft sie aus, in einem Brief, wohl ihrem bewegtesten. «Sie halten ihn für einen Heiligen; und nach meiner Meinung ist er es ein ganzes Leben hindurch gewesen.» Und diese Worte erhalten dadurch größtes Gewicht, daß sie an König Philipp II. gerichtet sind. Der Weg zum Papst war zu jener Zeit durch einen reformfeindlichen Nuntius, einen Verwandten der Papstes, versperrt. Und nichts blieb übrig, um diesen «Heiligen», Fray Juan zu retten, als eine Beschwörung des Königs, als dieser Brief vom 4. Dezember 1577. Tags zuvor war der Seelenführer, das Herz der Reform, von den Beschuhten unter Mißhandlungen verschleppt worden, keiner wußte, wohin. «Besser wären sie unter den Mauren, die am Ende mitleidiger wären. Und dieser Mönch, dieser große Gottesdiener ist von allem, was er erlitten hat, so geschwächt, daß ich für sein Leben fürchte.» Sie zählt die Tage, die Juan nun schon bei denen gefangen ist, die schlimmer als Mauren sind. Und wenn der König auch ihrem Brief Gehör schenkt und den feindlichen Nuntius in Schach hält, die Ordensmutter muß neun Monate nach Juans Gefangennahme noch an ihren geistlichen Sohn Gracián schreiben: «Ich weiß nicht, welch ein Schicksal es will, daß niemals irgendeiner sich dieses Heiligen annimmt.» Nicht lange nach solcher Klage empfängt sie die Nachricht von Fray Juans gelungener Flucht; und sie jubelt bei aller Ergriffenheit: «All diese neun Monate war er in einem engen Gefängnis, darinnen er kaum Platz hatte, so klein er ist. Und in der ganzen Zeit konnte er sein Hemd nicht wechseln, obgleich er dem Tod nahe war ... Ich beneide ihn herzlich».

Teresa hatte damit nur einiges Wenige von der Kreuzespein des Leibes gesagt, von den Vergiftungen und Marterungen, die Juans Fortleben im Kerker zu Toledo als ein Wunder erscheinen ließen. Nichts hatte sie gesagt von der größeren Kreuzespein seiner Seele, nichts über seine Verlassenheit auch von Gott. Der nachtumringte Gekreuzigte seiner Vision hatte sich ganz auf ihn gesenkt und ihn in sich überformt. Als Sühnelamm hatte er allen Geißelungen stillgehalten, ohne einen Gedanken an Flucht, bis in ihm durch Visionen der Wille zur Flucht geweckt, der einzige Weg zur Flucht gezeigt wurde. Es waren Kräfte der Auferstehung, die Juan nicht mehr im Grab stillehalten ließen. Zugleich mit unsäglichen Einsichten waren ihm in dem erstickenden Kerkerdunkel die herrlichsten seiner Dichtungen erblüht. Er mußte diese göttlichen Gaben festhalten, um sie weiterzugeben! Der Fliehende gelangte in ein Kloster unbeschuhter Karmelitinnen, das Mutter Teresa in Toledo gegründet hatte. Die Beschuhten staunten über die gelungene Flucht des Sterbenssiechen, ähnlich vielleicht wie die Wächter vor dem heiligsten Grabe über den fortgewälzten Stein. Fray Juan aber entäußerte sich mit den ersten gelösteren Atemzügen seiner im Gedächtnis eingebrannten Gedichte, damit die Schwestern seiner Reform sie in Niederschriften festhielten und weitergäben. Dann wird der

Leidende heimlich aus dem Machtbereich der Beschuhten weggebracht. In Almodovar soll er nach dem Wunsch Teresas ohne jede Bürde belassen und gesundgepflegt werden. Allein der Vorgesetzte Gracián befindet wieder einmal anders als Teresa und belastet Juan mit der Stellvertretung des Priors vom Kalvarienberg. Und nicht lange, da hat auch Teresa vergessen, wie überaus dringend sie die vollkommene Schonung dieses Heiligen gefordert hatte. Die große Mutter schreibt an ihre große Tochter Ana de Jesus, die Priorin der Karmelitinnen zu Beas, unfern dem Kalvarienkloster: «Hervorheben möchte ich, Tochter, wie grundlos Ihr Euch beklagt. Habt ihr doch daselbst meinen Vater Fray Juan de la Cruz, diesen himmlischen und gottförmigen Menschen. Ich sage Euch, meine Tochter; seitdem er dort hinüber entkam, habe ich in ganz Kastilien nicht seinesgleichen gefunden, keinen, der so für den Weg zum Himmel entflammt. Ihr glaubt nicht, welche Einsamkeit mir sein Fernesein verursacht. Beachtet wohl, welch großen Schatz ihr dort drüben besitzt an diesem Heiligen.»

Während die Beschuhten noch siegreich gegen die Unbeschuhten kämpfen, beginnt Juan, geborgen in erquickender Landschaft nahe den Quellen des Guadalquivir, die Seelen für den Weg zum Himmel zu entflammen und in Gott zu bergen. In dieser Zeit wurde ihm die Feder in die Hand gedrückt, damit er zugleich auf dem Kalvarienberg und in Beas und in Baeza und weit über Räume und Zeiten hinaus die Seelen in Gott bergen könne. Von ihm geleitete und durchgeistigte Gespräche auf dem Gipfel des Kalvarienberges, im Sprechzimmer der Karmelitinnen zu Beas, in den Hörsälen zu Baeza enthüllen ihm die Hemmnisse, die seelischen und geistigen, auf dem Weg zur Gotteinigung und geben ihm die Worte ein zu deren Beseitigung. Hier schließt sich seine Mystik zur Lehre zusammen, aus den Skrupeln und Dunkelheiten, aber auch den Erleuchtungen naher und ferner Seelen, aus den Fragen derer, die sich hingerissen über das geheimnisvolle Licht seiner Dichtung beugen.

Teresa vermißt wirklich ihren brüderlichen Seelenführer. Sobald die Unbeschuhten es durchgesetzt hatten, eine eigene

Provinz zu bilden, sobald der vertraute Gracián Provinzial geworden war, bittet sie ihn aufs inständigste, ein Versprechen einzulösen, das sie Fray Juan gegeben habe, und ihn aus diesem fremden Andalusien heimzurufen. Und sie verschweigt ihr eigenes Verlangen, um der geistigen Eifersucht des jungen Provinzials nicht Nahrung zu geben. Sie erbittet ihn sich als Ostergabe. Aber Gracián bleibt taub. Und Juan? Er schreibt aus Baeza an eine Tochter Teresas einen Brief aus großer menschlicher Nähe:

«Jesus sei in Euerer Seele, meine Tochter Catalina. Wenn ich auch nicht weiß, wo Ihr weilt, möchte ich Euch doch diese Zeilen schreiben, im Vertrauen darauf, daß unsere Mutter sie Euch zusenden wird, falls Ihr nicht mit ihr reist.

Und wenn es sich so verhält, daß Ihr nicht mit ihr reist, dann tröstet Euch mit mir: Bin ich doch mehr verbannt und hierzulande allein. Denn seitdem mich jener Walfisch verschlang und in diesem befremdlichen Hafen ausspie, war ich es niemals mehr wert, sie zu sehen, sie und die Heiligen dort drüben. Gott hat es so wohlgefügt; ist doch Verlassenheit eine Feile, wird doch starkes Licht vorbereitet im Erleiden der Dunkelheit...»

Fray Juan verläßt das von ihm gegründete und als Rektor verwaltete Ordenskolleg zu Baeza nur, um noch weiter von Teresa hinwegzuziehen, bis Granada, wohin er im Sommer 1581 als Prior des Klosters de los Mártires berufen worden war. Hier bereitet er die Gründung eines Nonnenklosters vor und erhofft zuversichtlich, daß die betagte und doch zeitlos junge Ordensmutter auch dieses Haus durch ihre Anwesenheit weihen wird. Am 28. November 1581 betritt er erneut Avila, von wo er vier Jahre zuvor verschleppt worden war. Für alles, was der Mutter die Reise nach Granada erleichtern kann, hat er vorgesorgt. Er findet sie gerüstet, aber nicht für die Fahrt nach dem einst maurischen Süden, dem letzten Ziel christlicher Wiedereroberung, sondern für eine Gründungsfahrt nach Norden, nach Burgos, dem Ausgangspunkt der geistlichen Wiedereroberung. Denn so will es eine göttliche Einsprache und Verheißung, daß sie die Gründung zu Burgos als die schwerere selber durchführen soll. Und sie hat sie durchgeführt, als ihre letzte weithinsichtbare Großtat, gegen die Ränke des Erzbischofs von Burgos, gegen den Kleinmut Graciáns. «Ich empfand großen Trost», schreibt Teresa nach der kurzen Begegnung mit Juan, die ihre letzte sein sollte.

Fray Juan war in seinem jüngergleichen Apostolat gewachsen, auch an mystischen Gnaden, wie es ihm Teresa kühn versprochen hatte, und selbst mehr, bis ins nicht mehr Ermeßliche. Nun endlich, wo er seine Heimberufung, nicht nach Kastilien, sondern zum Herrn der Heiligen nahe wußte, sollte er in der «heiligen Einsamkeit» des Klosters zu Peñuela den stillen Frieden der Kartause verkosten. Welche Last mit den Ämtern und Aufgaben von diesen zergeißelten Schultern abgeglitten war, auch das ist kaum erwägbar: er war nicht mehr stellvertretender Provinzial und nicht mehr Definitor, nicht mehr Prior in seinen Gründungen, deren Gemeinschaftsleben er aus den theologischen Tugenden erst formen mußte; er war nicht mehr Seelenführer für seine Kinder im Orden wie in der Welt, ein erleuchteter Führer, der ihren unausgesprochenen und für sie unaussprechlichen Nöten zuvorkam, ähnlich der göttlichen Gnade, in deutenden und tröstenden Briefen. Mit solcher Entbürdung begann die Erhörung seines Gebetes, als einfacher Bruder, als Märtyrer der Liebe zu sterben.

Noch von Madrid aus, im Juli 1591, kurz nachdem ihn das Ordenskapitel dort aller Bürden entledigt hatte, schreibt er einer geistlichen Tochter: «Das, was mich betrifft, Tochter, das mache Euch keinen Kummer; bereitet es doch mir selber keinen. Meine große Sorge ist diese, daß solche beschuldigt werden könnten, die ohne Schuld sind. Denn diese Dinge wirkt kein Mensch, sondern Gott... Denkt nichts anderes, als daß alles von Gott angeordnet wird. Und wo keine Liebe ist, da legt Liebe hinein, und Ihr werdet Liebe gewinnen.»

Der Schreiber dieser Zeilen hat zuviel Liebe in die Seelen gelegt, als daß sie ihn nicht auch im Kloster zu Peñuela entgegengebracht würde, ehrfürchtige Liebe und immer erneutes Staunen: er betet die Tagzeiten mit, betet in der Zelle, sofern er dort nicht schreibt, betet unter den Bäumen des Gartens und entweicht den Brüdern, um fortzubeten, in die Einsamkeit der Gipfel, der «Einsamkeit voll Künden». Und es ist wohl zu merken, daß der Herzschlag solchen Betens mehr ist als Flehen, Jubeln, Lauschen: ein Austausch zwischen einer jenseits alles Geschaffenen liebenden Seele und dem hingegebenen unumschränkten Geliebten. Die Brüder von Peñuela sehen, wie er kraft seiner Losgelöstheit die Elemente bändigt und in seine Verklärung hineinzieht. Sie sehen den Schöpfer der «lebendigen Liebesflamme» in den Flammen einer Feuersbrunst wie in seinem Element verschwinden und lächelnd über den gedämpften wieder auftauchen – und desgleichen mehr, das fast so wunderbar scheint wie sein betendes Leben. Nicht unter den verehrenden Mitbrüdern von Peñuela konnte sein letzter Wunsch Erfüllung finden: als Märtyrer der Liebe zu sterben.

Im September 1591, in dem letzten seiner erhaltenen Briefe, schreibt er aus Peñuela an eine seiner geistlichen Töchter: «Morgen gehe ich nach Úbeda, um ein kleines Fieber zu kurieren, das mich täglich seit mehr als einer Woche befällt und nicht weicht ... Sagt meiner Tochter Inés viele Grüße im Herrn; und bittet ihn beide, daß er mich vorbereite für die Stunde, wo er mich mit sich nimmt. Im Augenblick entsinne ich mich nicht, was noch zu schreiben wäre; und auch aus Liebe zu dem Fieber lasse ich es ...» «Aus Liebe zu dem Fieber!» Er liebt das Feuer gleich seinem Bruder, dem heiligen Franz, auch dieses nicht weichende Feuer in seinen Adern, das bald das letzte, nur noch spinnwebfeine Trennungsgewebe zwischen ihm und dem noch unsichtbaren Geliebten wegsengen wird.

Zuletzt hat er auch die Liebeserweise seiner Mitbrüder hinter sich gelassen; eine qualvolle Fahrt, seine letzte, bringt ihn nach Úbeda, zu dem vollendenden Martyrium. Sein heiliges Wirken mag mit dem Licht eines Leuchtturms verglichen werden: es verdunkelt sich jäh in mystischer Eingezogenheit, um seine Strahlenbündel danach um so eindringlicher ins Dunkel zu schleudern. So folgt dem ersten Aufleuchten, das ihm eine Pfründe in Medina einbringen sollte, die ersehnte Verdunkelung im Kloster der Beschuhten. Dem heraushebenden Studium, das bei seiner Begabung vielleicht in eine Professur einmünden sollte, folgt die Verdunkelung von Duruelo; dem helleren Schimmer, dem er allein schon als Führer Teresas nicht entgehen konnte, folgt das würgende Dunkel des Kerkers zu Toledo; dem blendenden Licht der mystischen Gnaden und apostolischen Taten folgt nochmals – nach dem Zwielicht von Peñuela – das Dunkel der verschlossenen Sterbezelle zu Úbeda.

Fray Juan, der nach seinen eigenen Worten die Seelen, auch die fernen, in Christus wie in einem Spiegel unverhüllt schaute, sollte er vergessen haben, daß er den Prior jenes Klosters zu Úbeda einmal als Vorgesetzter hatte maßregeln müssen und daß dieser Verblendete ihm nichts weniger als Liebe entgegenbrachte? Er konnte es nicht vergessen haben; und dieses war Juan willkommen: die sich häufenden Schmähungen jenes Priors, das Abschließen seiner Krankenzelle und Fernhalten von jedem, der Trost oder Krankenkost bringen wollte.

Doch nach einer Weile des Zusehens hatten die Brüder des Klosters, empört über solche Grausamkeit, den Provinzial Antonio de Jesus unterrichtet. Dieser Mitgründer und Mitbruder von Duruelo eilte herbei, brachte den Prior zu echter Zerknirschung und ließ Fray Juans abgeblendetes Licht wieder hinausstrahlen. «Öffnet, Väter, diese Pforten!» gebot er. «Nicht nur die Mönche, auch die Weltlichen sollen eintreten und das Schauspiel solcher Heiligkeit gewahren!» Von ehrfürchtiger Liebe umdrängt, vom Licht, das ihm im Herzen brannte, feurig überströmt, in der Mitternacht zum 14. Dezember 1591, ging Juan de la Cruz hinüber, «um die Matutin im Himmel zu beten».

DAS WERK

Die Kurve seines Lebens war nun vollendet. Aber seine Gestalt wächst immer noch vor den Augen der Nachwelt; der Künstler, zumal der Lyriker, der Metaphysiker, der Mystograph, und der, der all dies in sich begreift, der Heilige wächst immer noch an geschichtlicher und heilsgeschichtlicher Bedeutung. Was er als Künstler geschaffen hat, aus den Kräften der naturverklärenden Gnade, ist nur zu einem Bruchteil erhalten; aber diese Bruchteile schenken das unteilbare Ganze. Es steht noch das von ihm entworfene und mitgemauerte Kloster samt Kirche zu Segovia, in seiner nüchternen Harmonie zur Sammlung rufend. Verschwunden ist sein Kloster de los Mártires zu Granada. Aber ein Betrachter rühmt das Mystische an dieser Architektur Fray Juans, die Zugänge für das Licht, die zu Andacht und Einfalt stimmten. Noch steht der Aquädukt dieses Klosters, gemauert von seinen segnenden Händen. Er liebte es, auch mit seinen Händen aufzubauen, handwerklich, zwischen Steinen und Mörtel, wo nichts ihn versuchen konnte. Er half mit bei den Skulpturen und Malereien des Klosters zu Baeza. Er hatte viele Kruzifixe zu verschenken, die er während der Rekreationen gestaltete, sehr kleine und sicherlich zugleich sehr gewaltige Gebilde. Und wenn er in der Erholung von Gott gesprochen hatte – und anderes sprach er nicht – mit erfrischender und entzündender Anmut, dann ließ er die inneren Harmonien in den Raum hinausklingen, ein Instrument ergreifend und nach dessen friedlich ausschwingenden Tönen sich schnell erhebend. «Iba siempre cantando», bezeugt eins seiner geistlichen Kinder beim Seligsprechungsprozeß. Er, den manche Späteren verkennend einen «Doktor des Nichts» nannten, «immer sang er». Und dieser Gesang scheint fortzuschwingen in seinen Gedichten.

Die Lyrik Juans de la Cruz, von der das ihm Wertvollste erhalten geblieben ist, wird von einem Menéndez y Pelayo über alle religiöse Lyrik in spanischer Sprache hinausgehoben; sie wird auch neuerlich von dem tief eindringenden Dámaso Alonso uneingeschränkt über alle spanische Lyrik erhöht. Das aber bedeutet, daß dieser Heilige auch vom außerreligiösen Standpunkt aus als unerreichter Meister erscheint. Und von solcher Warte aus entdeckt er sich für Jean Baruzi als der geniale Metaphysiker.

Wer sich in einem Versuch des Nacherlebens in die größte Nähe Juans drängen will, der neige sich über jene «Skizze», die

Vision des Kruzifixus, darin das Geheimnis höchster Liebe durch Schatten über Schatten gestaltet ist. Er neige sich über manche dieser Gedichte, deren Entstehen beim ersten Absinken aus der Ekstase bezeugt ist und sich – kraft einziger Sprachgewalt – als nächstekstatisch selber bezeugt. Mystik ist unmittelbare Gotterfahrung. Lyrik ist, nächst der Musik, unmittelbarster Ausdruck innerer Erfahrung; und mystische Lyrik ist demnach der unmittelbarste sprachliche Ausdruck der Gotterfahrung – wenn ein Meister wie Juan die Sprache zu solchem Ausdruck läutert und erneuert. Es gibt schwerlich etwas in der Weltliteratur, was so nahe an die dem Mystiker vorbehaltene Ekstase heranträgt, wie einige seiner Gedichte, einige seiner Strophen – nichts, was das Mysterium des Faßlich-Unfaßlichen, der zugleich immanierenden und transzendierenden Gotterfahrung so vollkommen wiedergibt wie Juans Lyrik in ihrer durchsichtigen Verdichtung und musikalischen Ungreifbarkeit.

Wer von Fray Juans Prosawerken eine Dokumentation besonderer mystischer Gnaden, vereinzelter Ekstasen, nachekstatischer Visionen und Ansprachen erwartet, vergleichbar der «Vida» und den «Relaciones», die Teresa im Gehorsam schrieb, der wird sie nicht oder nur verschleiert aufspüren, so wie sie auch bei Teresa in den «Moradas» zur Wirkung kommen; er wird aber überall den apostolischen Mystiker, den Mystagogen finden, der aus der fruchtbaren Ganzheit seiner Gotteinigung unaufhaltsam zu gleicher Ganzheit hinführen will. Abtrennend, erleuchtend, einigend schreibt er, oft in mystologischer Klärung, immer in mystagogischer Endabsicht; immer schreibt er – nach seinem wiederholten und unanfechtbaren Zeugnis – nur das, was andere nicht geschrieben haben, was kein anderer schreiben konnte. Schon das erste, auch die vormystischen Seelen einbegreifende Werk macht es unübersehbar, daß seine systematische Geschlossenheit vor allem der Geschlossenheit eines Mystikers entstammt, der alles überwunden und alles errungen hat, was andere mit seiner Hilfe ganz überwinden und ganz gewinnen sollen, mithilfe seiner erst im Abstand von jenen Gotterfahrungen empfangenen Einsicht, geordnet durch philosophische Kraft, und mithilfe einer erst nach der Einsicht empfangenen Fähigkeit zu sprachlichem Ausdruck des Übersprachlichen.

Drei Dichtungen, die «Noche Oscura», die ganz der würgenden Kerkernacht von Toledo entstammt, der «Cántico Espiritual», der zum größeren Teil in jener Nacht geschenkt wurde, und die spätere «Llama de Amor Viva», die «Lebendige Liebesflamme» stehen den großen Prosawerken voran. Die Prosawerke «Cántico Espiritual» und «Llama de Amor Viva» bekunden schon durch den gleichlautenden Titel ihren organischen Zusammenhang mit den Gedichten. Die «Subida del Monte Carmelo», deren zweiter Teil erst den Namen des Leitgedichtes, «Noche Oscura» aufweist, zeigt eine dem Titel entsprechende Verselbständigung gegenüber dem Leitgedicht, an das sich erst der gleichnamige zweite Teil enger anschließt.

Die Daten für Entstehung und Abschluß der großen Prosawerke liegen nahe beisammen. Die «Subida» mit der «Noche Oscura» sind in beiden Teilen abgebrochen oder – was wahrscheinlicher ist – verstümmelt. Trotzdem wirken beide nicht fragmentarisch, dank ihrer lebendigen Ganzheit, dank ihrer Ergänzbarkeit aus der zugrundeliegenden Systematik und aus dem «Cántico». In Granada, etwa im Jahr 1583, ist die «Subida» mit der «Noche Oscura» wohl bis zum vorliegenden Text oder bis zur Vollständigkeit gebracht worden; dort hat bald darauf der «Cántico», wohl im Jahr 1584, seinen Abschluß gefunden; dem Jahr 1585 entstammt das Gedicht «Llama de Amor Viva» und seine in kurzem Abstand, in einer einzigen stürmischen Inspiration geschriebene Ausdeutung. Wenn auch der Abstand zwischen ihnen gering ist, wenn sie auch alle von einem «Vollkommenen» geschrieben worden sind, so ist doch genug Raum zwischen ihnen für ein mystisches Wachstum ihres Schöpfers, das seine Dichtungen und Ausdeutungen mitergreift.

Der vorerwähnten Sonderstellung der «Subida» entsprechen auch ihre Methodik und ihr Gegenstand. Die Methode besteht hier nicht so sehr in einer Vertikalgliederung, die sich der liebesmystischen Entfaltung anpaßt, als in einer systematischen Horizontalgliederung, deren Weite unerbittlich alle Anfangenden erfaßt, aber auch die Erfahrenen so bald nicht losläßt. Gegenstand ist die «aktive», die überwiegend mit menschlichem Wollen und Können vorwärtsgetriebene Läuterung der Sinne und des Geistes, aller Sinne von allen Wahrnehmungen, aller Seelenvermögen von allem Nicht-Göttlichen. Zu solch höchster Entblößung kann nur das höchste Ziel nötigen und hinreißen; und Juan läßt es immer wieder aufleuchten: die schon diesseitige währende Gotteinigung. Erreicht und durchschritten werden unter Juans Führung die vorübergehenden Gotteinigungen des Gebetes der Unio; erlitten und schließlch zurückgelassen werden die der Zeit nach vergänglichen und der Wirkung nach unvergänglichen Ekstasen, diese Berührungen der wahren Wirklichkeit von Substanz zu Substanz, die von der Erkenntnismystik fast ausschließlich gesucht und von der Liebesmystik mitgeschenkt werden; Juans Ziel liegt jenseits dieser ekstasenreichen «mystischen Brautzeit», darinnen die Seele schon mit heiligen Kräften ein erstes Apostolat beginnt: das von ihm wie von Teresa erreichte und gewiesene Ziel ist ein überekstatisches waches Mitleben mit der lebendigen, der trinitarischen Gottheit, in der Fruchtbarkeit des Heiligen Geistes, in der Kraft zur Erneuerung der Kirche, in der Fruchtbarkeit der «mystischen Ehe». Es ist ein Ziel, das hienieden, durch das diesseitige Fegefeuer der aktiven und passiven Nächte, nur von Wenigen erreicht werden kann. Doch diese Wenigen wiegen die Vielen auf; und auch die Vielen guten Willens werden nach dem Maß ihrer Befähigung und Gottempfänglichkeit einen Grad von Einigung erreichen können, der sie die währende Gotteinigung, wenn nicht im Diesseits, so doch im Jenseits gewinnen läßt.

Die Grundthematik der *«Noche Oscura»* («Die dunkle Nacht») lautet: Gott ist durchaus anders, als ihn die Seele in ihrer vormystischen Zeit und in ihrer mystischen Frühzeit erwartet; sie glaubt ihn in ihren geistlichen Entzückungen zu finden und findet zumeist nur ihr entzücktes Selbst.

In der «Noche Oscura», der gottverhängten, der «passiven» Nacht der Sinne und des Geistes, tritt der göttliche Mystagoge immer beherrschender hervor; und der dienende Mystagoge

Juan deutet aus der Klarheit seiner Vollkommenheit das göttliche Wirken für jene, die in dunkler Nacht seine Einwirkung spüren und nicht begreifen. Eine wissende Begegnung zwischen Gott und Seele ist erst am Ende der nächtlichen Läuterung möglich, wenn die Seele stark und lauter genug geworden ist, Gott «auf göttliche Weise» aufzunehmen. Nicht so sehr um die starren Stufen bemüht sich dieser Führer und Deuter wie um die dunkeln Übergänge, für deren Überwindung er die Seelen geschmeidig machen will. Vollständiger als andere, selbst als Teresa, entblößt er die vergeistigten Laster und die verborgensten Unvollkommenheiten, um die Notwendigkeit und Weise der Läuterung darzulegen; heller als andere beleuchtet er den Weg von der Meditation zur Kontemplation, von sich erschöpfender Eigenwilligkeit zur unerschöpflich einströmenden Liebe Gottes, diesen Weg durch alle erdenklichen Kriterien sichernd. Er läßt erkenntnismystische Gnaden in liebesmystische einmünden, ordnet die Nacht der Sinne auf die Nacht des Geistes hin: so wie der sinnenhafte Teil der Seele durch die Läuterung vergeistigt und dem geistigen Teil dienend eingegliedert wird, so soll der geistige Teil geläutert und zusammen mit dem sinnenhaften Teil dienend dem Leben der Gottheit eingegliedert werden. Daß zwischen der Läuterungsnacht der Leibseele und jener der Geistseele eine lange Zeit lichterer, wenn auch nicht stärkerer Gnaden liegt, die Zeit des mystischen Verlöbnisses mit ihren Brautgeschenken von Ekstasen und deren nachekstatischen Ansprachen und Visionen, das erwähnt Juan nur kurz.

Das erste Drittel des «Cántico» umfaßt jene mystische Brautzeit voll lichterer Gnaden und voll leidenschaftlichen Sehnens und schmiegt sich so dem Gehalt nach zwischen beide Nächte. Die Mitte des «Cántico», die Deutung seiner Jubilatio mag für die fehlende Ausdeutung des zweiten Teiles der «Noche Oscura», der «Nacht, der holdgesinnten» in etwa eintreten. Und in weiterem Hin- und Widerspielen zwischen Nacht und Sonne schiebt sich die Nacht des Geistes, der zweite Teil der «Noche Oscura» vervollständigend zwischen den zweiten und dritten Teil des «Cántico», da der Dichter und Deuter dieses Brautgesanges nurmehr das schattenlose Morgenrot zu gewahren scheint. In der «Noche Oscura» jedoch ist diese Nacht des Geistes, ist die Aufhellung dieses ganz selten vollzogenen Überganges zwischen mystischer Brautzeit und mystischer Ehe das eigentliche Anliegen. Denn nur Wenige haben diesen Übergang bestanden; und fast keiner hat darüber berichtet. Die meisten fallen zurück, da sie im Dunkel die ausgestreckte Hand des göttlichen Mystagogen nicht finden und ergreifen.

Die Anfangenden, die in den ersten Tröstungen ihres Tugendstrebens und ihres Meditierens sich von Gott umfangen fühlten, wie von Mutterarmen, – wie sollten sie in der nun einsetzenden, demütigenden Gefühlstrockenheit, in der Verödung ihrer einst phantasievollen Meditationen, in der Ausleerung ihres bunt gefüllten Gedächtnisses eine größere, erwählende Liebe erkennen! Und wie sollten erst in der Nacht des Geistes die Auserwählten wissen, daß die Hölle, in die sie sich verstoßen glauben, diese ewig scheinende Gottferne, nur Gottes größere Nähe ist, daß dieser dunkel sengende Strahl, der ihr innerstes Wesen ausglüht, in Wahrheit der überhelle Strahl ist, der die Engel erleuchtet und beseligt und der die Seele nur deshalb noch nicht erleuchtet und beseligt, weil er in ihrer innersten Substanz noch Nicht-Göttliches austilgen muß. Erst gegen Ende der Nacht des Geistes beginnt die Seele mitunter inmitten ihrer Höllenpein den Gefährten zu empfinden, der sie beim Aussetzen ihrer Leiden im Stich zu lassen schien. Und erst hier beginnt sie die Leiden zu begehren, um dieses Gefährten willen. «Denn im Leiden werden Kräfte Gottes hinzugegeben; und im Handeln und Genießen gebraucht die Seele ihre Schwachheiten und Unvollkommenheiten.»

Juans Gedicht *«Der Geistliche Gesang»*, eine Durchgeistigung des «Hohen Liedes», überschneidet sich mit jenem der «Noche Oscura» und reicht mit seinem Ende bis an die «Lebendige Liebesflamme». Die Dichtung wie auch die Deutung, die sich weit enger als die «Subida» ihrem Leitgedicht anschließt, beginnt mit den Einzelerlebnissen wirklicher Gotteinigung und scheinbarer Gottferne und erhebt sich über die herzzerreißenden

Seligkeiten und Unseligkeiten der mystischen Brautzeit, bis zum währenden Frieden der mystischen Ehe, bis zu diesem einigen Leben mit Gott in Gott. Die Dichtung läßt fast vergessen, welche Abgründe zwischen dem Gotterfahren und dessen Entäußerung liegen, Abgründe trotz größter Gewalt des geäußerten Gefühls und der äußernden Sprache. Die Unmittelbarkeit des Ausdrucks, die das mystische Dokument entsprechend der Unmittelbarkeit sich eindrückender Gotterfahrung erstrebt, ist auch in dieser Dichtung gewahrt: unmittelbar unter dem Eindruck vernichtender und beseligender Gnaden hat sich der erste, vielleicht der größere Teil im Kerker zu Toledo geformt, unmittelbar aus einem «vergöttlichten» Leben – zwischen Beas, dem Kalvarienberg und Baeza. Und der geniale Künstler Juan hat die unmittelbarste, die zeitüberwindende Kunstform ergriffen, die dramatische. So ist denn alles, was die Seele durch Gott erlitten und über alles Begreifen durch Gott gewonnen hat, immer Gegenwart, bis in die Sprachform. Die Dichtung aus den Kräften der Gottesliebe, die Deutung aus den Kräften der Nächstenliebe sind unteilbar eines. In der Deutung beugt sich der Mystiker Juan zu der mystischen, der schwesterlichen Seele der großen Ana de Jesus, die ihm dieses Werk entlockt hat; er beugt sich zugleich zu ihr, zu diesem geistlichen Kind, und in ihr zu allen geistlichen Kindern, als Mystagoge, auch da, wo er die mystologische, die sachlich klärende Form wählt.

Wenn über der «Subida» das Mahnwort «Desnudez» steht, ganz Ausgeleertsein für Gottes wahres, einströmendes Wesen, wenn für die «Noche Oscura» das Leitwort «Passio» gilt, Leiden durch Gott, aus wachsender Leidenschaft für Gott, so strahlt durch den ganzen Cántico die «Schönheit» des Geliebten. «Laß deiner Schönheit Übermacht mich töten!». Leidenschaftlich fleht es die Seele zu Beginn; am Ende aber, wo sie als mystische Gattin diese Schönheit fast wesensgemäß empfangen und wiedergeben kann, fleht sie nur gedämpft, wie beschämt über ihre Unersättlichkeit, um ein noch tieferes Eindringen in die Mysterien des Geliebten.

Der erste Gipfel des Geistlichen Gesanges ist eine ekstatischüberekstatische Begegnung zwischen Gott und Seele. Überekstatisch ist sie, denn die echte Ekstase gewährt in ihrem Kern schon substantielle Gotterfahrung, die alles ausschließt außer Gott selber, also auch das Wissen der Seele um sich; sie ist demnach mehr und weniger als eine Begegnung und weniger als ein Austausch. Erst dann ereignet sich eine wahre und bewußte Begegnung, ein erster unmittelbarer Austausch, die Bindung des mystischen Verlöbnisses, wenn der Geliebte sie aus der von ihm erregten Ekstase zurückruft, zu ihm und zu sich selber. «O Taube, kehre wieder!» so beschwört sie der liebende Gott. «Der Hirsch, wie du getroffen, wittert vom Hügel nieder zum Fächeln deines Flugs und kühlt die Glieder.» Verwundet ist dieser göttliche «Hirsch» wie sie selber, durch die gleiche Liebe, die sein Geist ist. Sein Geist war es, so erkennt die geliebte Seele in der Begegnung, der Rückschau, der in ihr zu ihm emporgeseufzt und emporgejubelt hat; seine zuvorkommende Liebe in ihr war es, die sie den unumschränkten Geliebten wie aus der Gottferne lieben ließ. Nun tritt sie dem Geliebten bräutlich, fast wie eine Ebenbürtige entgegen. Weiß sie doch für immer: nur das Fächeln des Heiligen Geistes in ihr und zu ihm hin kann Gottes grenzenlose Liebe bis in ihre letzten Tiefen erquicken.

Und nun singt sie ihren bräutlichen Jubel, aus größter Ekstasennähe, die sie aus überekstatischer Kraft festhält. «Mein Geliebter – die Bergesriesen!» Durch zwei Strophen singt sie so, in der Weise der Ewigkeit, ohne Zeitwort. Die Herrlichkeit der unberührten Natur, der irdischen wie der kosmischen, der eindringliche Zauber der unberührbaren Töne, das erquickende und entzückende abendliche Mahl, alles dies ist der Geliebte in sich und für sie, in machtvollem Sein und heilvollem Wirken. Kein Pantheismus kann sich auch nur einen Ton dieses überirdischen Jubels aneignen. Eher mag man ihn panentheistisch nennen. Und doch ist er weit mehr. Das Brausen der Gewässer ist untrennbar geworden vom Brausen des Heiligen Geistes.

Von solcher Höhe aus mag auch der zweite Gipfel zugänglicher erscheinen: der Geliebte, in Wahrheit der uranfänglich Liebende, nun von der ganz geläuterten und erstarkten Seele nach seinem Willen untrennbar, nunmehr ihr «Gemahl», er beschwört alle Leidenschaften und alles, was sich zwischen ihn und die Geliebte drängen könnte. Und so geborgen frohlockt die erhöhte, «vergottete» Seele; und wiederum frohlockt sie in einer Strophe ohne Zeitwort, jenseits der Zeit. «Mein Geliebter!» hat sie als Braut gejubelt, sie, die sich wieder und wieder ihm ferne wähnte. Die mystische Gattin sagt das Wort, das alles Scheidende der dunkeln Nächte, alles Flüchtige einer bloßen Begegnung hinter sich läßt: «Unser!» «O unser Brautbett, blühend!» «Unser» ist das ganze Blumengebind der heilig-heroischen Tugenden, dies Gebind, geschenkt von dem mystischen Gatten und doch nur zusammengehalten und vor dem Zerfallen bewahrt «von meinem Haar dem einen», von dem geschmeidigen, bei keiner Prüfung zerreißenden «Ja» einer Lebensgefährtin.

Es ist nicht der letzte Gipfel. Es folgt die Erfülltheit und Betätigung solcher Gemeinschaft. Die Schönheit des Geliebten ist übergegangen auf die mystische Gattin und steigert sich durch ihr demütiges Wissen um ihre erneuerte Unschuld und ihre mehr als paradiesische Holdseligkeit zu immer vollerer Harmonie im Hin- und Widerspielen. Nicht mehr kann der ganz Vollkommenen die «Übermacht der Schönheit» tödlich werden, da sie ihr selber eignet, im Glanz der Heiligkeit. Zwischen dankbarer Gestilltheit und unstillbarem Verlangen bittet sie nun mit sanftem Drängen um jenen letzten Übergang, der leicht sein wird nach jenem furchtbaren Übergang in der Nacht des Geistes: um die reine und klare Kontemplation der göttlichen Wesenheit drüben, nach der reinen und dunkeln Kontemplation hienieden; und schließlich um die Kraft, aus solcher Kontemplation, zu vollkommener Umwandlung in die grenzenlose Liebe Gottes.

Wenn auch die Umwandlung der mystischen Seele in Gott im «Cántico» vollzogen und ein vollkommenerer Zustand in diesem Leben nicht möglich erscheint, so erfährt die mystische Gattin dennoch eine Steigerung ihrer Liebe bis zu einem Feuersturm des Heiligen Geistes, bis zu einem lebendigen Mitlodern und Hinaussprühen, das die Grenzen zum Jenseits mitunter überglutet, stärker als je zuvor. Nur eine Inspiration, so bekundet Fray

Juan in seinem Vorwort zur *«Lebendigen Liebesflamme»*, konnte das Gedicht gestalten und nur eine zweite Inspiration die Deutung. Und dennoch bleibt diese inspirierte Dichtung und Deutung in allem hinter der Wirklichkeit zurück, wie das gemalte Bild hinter dem lebendigen Urbild; und so bekennt sich der Heilige zu dem beseligenden trinitarischen Leben, das ihn immer gewaltiger ausfüllt. Es sind hochzeitliche «Künste und Spiele der Liebe», die den ganz Geläuterten und Mitlodernden bald in Flammengarben in jenes Leben jenseits von Tod und Nacht zu entrücken und mehr als nur den Vorgeschmack des ewigen Lebens zu gewähren scheinen und die ihn bald wieder aus der Überfülle gottgeeinter Seligkeit zurückversetzen in die Fülle heiliger Aufgaben. Zu dieser Zeit war es, daß Johannes vom Kreuz, stets erneut Prior in Granada, Mystagoge für einen immer größeren Kreis verlangender Seelen, Mystograph, als Provinzial für Andalusien, als erstes Mitglied der Consulta, als Visitator und Klostergründer mit Aufgaben auch der Verwaltung überhäuft wurde. In dieser Zeit vertauschte der Prior de los Mártires sein Kloster in der Nähe des Generalife oft mit dem Staub andalusischer Straßen; und von diesen Reisen bezeugt der begleitende Bruder: «Immer sang er», – Psalmen, geistliche Kanzonen, sicherlich auch eigene, gotteigene, die innerhalb jenes Feuersturmes verloderten und nicht wie die «Lebendige Liebesflamme» festgehalten wurden. Der Bewußtseinszustand, den andere in dieser Zeit von ihm bezeugen und der auch die Haltung seiner Seele in der «Liebesflamme» ist, liegt jenseits der Ekstase; es ist eine überaus wache, oft nur durch körperlichen Schmerz zu unterbrechende Konzentration, in des Wortes wahrer Bedeutung, eine überwache Konzentration von rundum mit allen Seelenkräften hindrängend auf das göttliche Leben in tiefster Seelenmitte. Mystiker, Dichter und Deuter sind untrennbar in dieser «Liebesflamme», für die nicht mehr das Wort «Entblößung» gilt, sondern das Wort der mystischen Gattin, «Fülle»; nicht mehr «dunkle Nacht», sondern das Kennwort des Heiligen Geistes: «Feurige Leuchten». Aber auch der Mystagoge ist durch nichts vom Mystiker zu trennen. Wenn auch die ästhetische

Wirklichkeit des Leitgedichtes einer Rückwendung zum seelenliebenden Apostolat nicht Raum gibt, wenn die Seligkeit im Gefühl des innewohnenden trinitarischen Lebens auch so gewaltig ist, daß die Bitte, die den Cántico rahmt, das Erflehen der schleierlosen Schau, auf die erste Kanzone eingeschränkt bleibt, wenn auch die deutende Prosa der «Liebesflamme» unmittelbar wie das Gedicht an der Glut des Heiligen Geistes teil hat, so ist es doch nur scheinbar sprunghaft, daß dieser Feuersturm zurückschlägt und entgegen dem Zug des Gedichtes sengend und erleuchtend die blinden Seelenführer ergreift. Es kann nicht in Wahrheit überraschen: die gleiche Liebe, deren Kraft Juans Seele zum innersten göttlichen Leben zusammendrängt, läßt diese Seele sich ausdehnen zu allen, die durch falsche Führung vom mystischen Weg zur diesseitigen Gotteinigung und zu einem höheren Apostolat abgelenkt werden. Gewaltiger als je zuvor tritt er den blinden Blindenführern in den Weg, nicht zuletzt jenen, die den mystischen Seelen seiner Reform Irrwege wiesen. Denn unmittelbar ermißt er den Verlust der irregeleiteten Seelen am Gewinn der mystischen Gattin: unermeßlich wiederzulieben aus der Erfahrung der seit Urbeginn zuvorkommenden unermeßlichen Liebe.

DIE EIGENART

Rückblickend können ein paar abschließende Züge herausgehoben werden, welche die einzigartige Erscheinung dieses Mystikers in den Zusammenhang der Geistesgeschichte und der Geschichte der Kirche stellen und damit auch gewisse Grenzen – nicht des Mystikers, aber des Mystographen – aufscheinen lassen. In der Tat besteht eine Spannung zwischen der Erfahrung des Mystikers Juan, der nicht umsonst das Kreuz in seinem Namen trägt, und dem begrifflichen und sprachlichen Werkzeug, mit dem er diese Erfahrung – nach seinem stets wiederholten Geständnis unvollkommen genug – zu übersetzen trachtet. Die Erfahrung, vor allem die der dunkeln Nacht, so dürfen wir im Licht der Mystik-Geschichte sagen, ist primär ohne Zweifel Kreuzeserfahrung: Kreuzesnacht, Kreuzesverlassenheit des Sohnes Gottes vom himmlischen Vater, erlösende Übernahme der Sündenfinsternis aus Liebe in die Liebe hinein. Daß der diese Finsternis Erleidende sie zugleich von außen beherrschen und in ihrem Sinn und Zweck von innen verstehen könnte, ist nicht vorauszusetzen, und auch an den Beispielen, wo die Mystiker an diesem Kreuzesgeheimnis teilbekommen haben, nicht wahrzunehmen. Es ist deshalb nicht weiter verwunderlich, daß Juan die Deutung seiner Grunderfahrung weniger im soteriologischen und sozialen Bereich sucht als im psychologischen und individualen. Es mag zu seiner Demut gehören, daß er es so gehalten hat: er, der fast stets mit dem Kruzifix in den Armen abgebildet wird, der das erschütterndste Kreuzesbild gezeichnet hat, er hat es nicht gewagt, sein Leiden als eine Gnaden-Teilnahme am Kreuzigungsleiden zu verstehen; er hat es vielmehr verstanden einmal als das Leiden und die Art von Verbrennung, welche die wirkliche Begegnung des absoluten Wesens in seiner Übererhabenheit dem relativen, geschöpflichen Wesen zufügt, und dann als die stufenweise Läuterung, bis ins Innerste und Verborgenste, die das allerreinste Wesen Gottes an dem von der Sünde getrübten und verdorbenen Menschenwesen vornehmen muß. Zwischen diese beiden Denkmotive schiebt sich ein drittes ein: das der notwendigen totalen Umerziehung einer Geistseele, die durch ihren Leib und ihre äußere und innere Sinnlichkeit mit der ganzen materiellen Welt innig verbunden ist, zu ihrem eigentlichen Gegenstand hin: dem grenzenlosen, bildlosen göttlichen Geist.

Betrachtet man diese drei Motive auf ihre geistliche Herkunft, so ist die Antwort leicht: es sind die Grundmotive der Mystographie von Augustinus, von Dionysius Areopagita, von Thomas von Aquin, auf den sich Juan des öfteren beruft. Von Augustinus stammt die Dreistufung von äußeren Visionen, Schauungen der Einbildungskraft und bildloser Schau des reinen Geistes, die hienieden eine Art dunkler Anfang der Schau des ewigen Lebens ist; dieser Stufung entspricht die überlieferte

Forderung, die anfallenden äußeren, aber auch die inneren Visionen (die bestenfalls Charismen, gratiae gratis datae sind) um der substantiellen Schau der Wahrheit willen, die der Seele bildlos einstrahlt und innewohnt, zu übersteigen, wobei Augustinus betont, daß die Seele nicht bei der inneren Betrachtung des trinitarischen Gottesbildes, das sie in ihren Seelenkräften ist, stehenbleibe, sondern diese Schau übersteige zu der des Urbilds selbst. Jedoch bei jeder noch so berechtigten historischen Ableitung erscheint die Selbständigkeit Juans nur deutlicher: seine Mystographie beschränkt sich nicht auf die «apollinische» Schau; gleichwertig neben der substantiellen Schauung steht ihm die substantielle Ansprache, das Wort, das Tat ist und damit seinen göttlichen Ursprung erweist; häufiger noch bezeugt er seine Erfahrung der dunkeln, «dionysischen» «toques», der substantiellen, umwandelnden Berührungen als der unmittelbarsten Einwirkung Gottes.

Das zweite Motiv läßt sich bis zu Dionysius und weiter bis zu dessen Vorgänger, Gregor von Nyssa zurückverfolgen, das Motiv der Nacht Gottes, welche die Überhelle seines absoluten Lichtes für das in jeder Hinsicht beschränkte Geschöpf bedeutet: Nacht der Unfaßbarkeit und der Überhöhe, Nacht der Liebe über alle Erkenntniskraft hinaus, Nacht der Reinigung, um allererst die Erleuchtung und durch sie die Einigung zu ermöglichen. Dennoch stellt sich bei jedem geistesgeschichtlichen Vergleich heraus: der Einfluß früherer Mystographien auf die spanischen Mystographen hört da auf, wo ihre Spekulation, zumal die neuplatonische, beginnt, da wo die Christologie, die paulinische Mystik durch den philosophischen Logosbegriff verdrängt wird. Das gilt für die Auswirkung Augustins, der deutlich einen Weg von neuplatonischer Spekulation zur paulinischen Mystik zurückzulegen hat; das betrifft noch mehr den Areopagiten, bei dem die Dialektik des Proklos im Ausdruck oft die christliche Gotterfahrung zu überwuchern droht. Juan, der in seiner Mystographie die Grenzen seiner freilich kaum ermeßlichen Gotterfahrung nie ins Spekulative überdehnt, hat zur Erklärung seiner «dunkeln Nacht» auch den scheinbar dunkeln, in Wahrheit überhellen Strahl des Areopagiten herangezogen, und dessen Pathos der negativen Theologie mag Gleichgestimmtes in ihm zu stärkerem Schwingen gebracht haben. Allein es ist die Nacht des Kerkers von Toledo, wie sie der Liebende – nicht der Erkennende – als umwandelnde Glut erleidet, die das mystische Dokument der «Noche Oscura» formte, und nicht der Einfluß des Areopagiten.

Juans Mystologie ist in ihrer begrifflichen Prägung vor allem wohl durch Thomas von Aquin gefördert worden. Hier fand er die begriffliche Apparatur der metaphysischen Psychologie, die Beschreibung des Verhältnisses von Seele und Leib, von geistiger und sinnlicher Seelenpotenz, die Unterscheidung der Seelenfähigkeiten von ihrem substantiellen Wesen, das Verhältnis von Aktus und Habitus, ein aristotelisches Motiv, das aber in der Mystologie Juans sich ohne weiteres den areopagitisch – augustinischen, dem Platonismus nahekommenden Gedankengängen durchaus einfügen läßt. In dem eigentlich systematischen, weil im wesentlichen aktiven, noch nicht von Gott her gegliederten Teil der «Subida» läßt sich am ehesten von einem Einfluß des Aquinaten, nicht nur im Begrifflichen, sondern auch in der Struktur sprechen. Allein der mystische Doktor bewahrt auch hier seine Unabhängigkeit gegenüber dem Klassiker der Scholastik, auf Grund des mystischen Zeugnisses in der eigenen Seele und in der bekräftenden Heiligen Schrift – so wenn er, in Ausdeutung eines Pauluswortes, die theologische Tugend der Hoffnung nicht mit Thomas dem Willen zuordnet, sondern der Memoria.

So ist es unverkennbar, daß das Entscheidende der Aussage Juans von den erwähnten Denkmotiven nicht eingefangen wird. Eingefangen wird sein leidenschaftlicher Wissensdrang, seine geniale Erkenntniskraft von der umwandelnden Kraft seines liebenden Willens. Juan erstrebt ja nicht die Lösung psychologischer Probleme, sondern einzig die mystische Begegnung mit dem geliebten Gott, welcher der Gott des dreieinigen Lebens ewiger Liebe ist. Begegnung aber nicht, wie zwei endliche Personen sich begegnen, sondern wie die ewige Liebe im

Wesenskern des geschaffenen Liebenden begegnet: als das ewige Wesen seiner Liebe selbst, und doch wiederum als der ewige Liebende, an dem das Geschöpf durch immer innigere Teilnahme, immer tiefere Passivität (die vertiefte Aktivität ist) teilgewinnt. In dieses Geheimnis übernatürlicher Metaphysik mündet Juans Werk. Alle Motive der Tradition sind verwendet, aber gleichsam über sich hinaus verwendet, in eine Sphäre transponiert, die nun wirklich Juans eigene, unverwechselbare Erfahrung enthält.

Soweit zeitgeschichtliche Erfahrungen die Spiritualität der «Subida» mitbestimmt haben, muß vor allem an die spirituale Bewegung gedacht werden, die von Königin Isabella und Cisneros ihren Ausgang nahm: die Reformbewegung, die zu Anfang des sechzehnten Jahrhunderts den Franziskanerorden ergriff und ein beachtliches, auch mystographisches Schrifttum hervorrief. Diese Bewegung, die bei den Dominikanern im Geist Savonarolas zu Neugründungen mit strenggeregeltem Leben führte, suchte und fand ihre stärksten Impulse bei echten oder falschen Mystikerinnen. Die äußeren Begleiterscheinungen des mystischen Lebens, wie Ekstasen und Stigmen, die sinnenhaften Visionen und Prophezeiungen wurden hier überbewertet und auch vom Volk mit einer Schwärmerei aufgenommen, die nicht zuletzt den Abfall der Alumbrados ermöglichte. Maria de Santo Domingo, Maria Cazalla in Pastrana und vor allem Magdalena de la Cruz, Äbtissin der Clarissinnen zu Cordoba, deren Prophezeiungen durch ganz Spanien liefen, diese und viele andere wurden vom Volk und von Priestern vorzeitig als Heilige erhoben, um dann doch zu Recht oder zu Unrecht in den Kerkern der Inquisition zu enden. Juans Heraushebung des wahrhaft Spiritualen erscheint so auch zeitgeschichtlich mitbedingt und berechtigt.

Doch auch die zeitgeschichtliche Betrachtung erreicht nicht das Wesen der transhistorischen Mystik. Und wenn irgendwo, dann muß bei Juan Ernst gemacht werden mit einer genetischen, wesensgemäßen Betrachtung: Juans Werk ist mystische Erfahrung oder gründet auf ihr. Nur das Negative, die totale

Entledigung der aktiven «Subida», fordert und erhält eine unentrinnbare, begriffliche Struktur, als Vorbereitung einer sich erst andeutenden mystischen Erfahrung. Juans meisterliche Handhabung des begrifflichen Werkzeugs, seine schöpferische Durchformung des theopathischen Lebens hat schon dazu verführt, ihn zu einem Metaphysiker zu intellektualisieren. Er ist ein «Empiriker» Gottes, freilich mit unvorhersehbaren und niemals experimentell zu wiederholenden Erfahrungen. Von seiner eigenen Darlegung der Elemente seiner Mystographie muß jede Beurteilung ausgehen:

Voran steht das mystische Dokument seiner Dichtung, die erfahrungsnächste und zugleich dichterisch vollkommenste Wiedergabe «gottförmigen» Lebens. Aus der herb umschließenden Nacht der Knospe, wie sie der aktive Teil der «Subida» kennzeichnet, entfaltet sich die Blüte dieser Leitgedichte, deren Duft jedem Zugriff, auch dem ihres Schöpfers, zum Unumschränkten entweicht. Erst in längerem Abstand, erst nach neuer Erleuchtung vermag ihr Schöpfer einiges auszudeuten von diesen Gebilden, die ganz offen sind gegen den Himmel und vor den Menschen noch das Geheimnis ihrer Fruchtbarkeit verbergen. Jede begnadete Seele mag dieser Blüte andere Entzückungen, andersartige Erleuchtungen und Antriebe verdanken, so sagt Juan in seinem Vorwort zum Cántico, die Weite des Geistes nicht durch seine eigene Autorität einengend. Wer die Blüte ablöst, hat nur den Tod in der Hand und wird die Frucht niemals brechen, wird die Ausdeutungen mit ihrer saftvollen und samenbergenden Fülle niemals sich aufbrechen können. Mystische Brautzeit und mystische Ehe mit ihrer Fruchtbarkeit – die Liebesmystiker und mit ihnen Juan finden zur Andeutung und Ausdeutung ihrer Gotterfahrung, Gottempfängnis nur Gleichnisse gesteigerten Lebens.

Damit soll vor allem gesagt werden, daß Juans Werk nicht mit dem Maßstab philosophischer Werke gemessen werden darf. Wohl ist es auch im intellektuellen Sinn widerspruchslos, was nicht von jedem philosophischen System gesagt werden kann; allein gewertet muß es werden nach seiner lebendigen Ganzheit, die sich zusammenschließt aus lebendiger Erfahrung. Für die mystologische Aufhellung und Ausweitung der Gotterfahrung bedarf es – nach Juans maßgeblichen Worten – einer erneuten gnadenhaften Befähigung, die das ins Gemüt Eingesenkte tiefer begreifen und endlich auch sprachlich herausheben läßt. Zu diesem fordert Juan das Heranziehen anderer Erfahrungen, nach der Weise der Erfahrungswissenschaft, und ihre Verarbeitung durch Wissen und Urteilskraft. Das Entscheidende dieser heiligen Empirie ist damit noch nicht gesagt; und es muß um so nachdrücklicher gesagt werden, als die folgende gedrängte Text-Auswahl es nicht hinreichend ersichtlich macht:

Juans Werk, fast allen literarischen Autoritäten verschlossen, ist weit geöffnet für alle Gotterfahrenen der Heiligen Schrift. Juan erwähnt den Areopagiten nur einige Male; allein schon der systematisierende aktive Teil der «Subida» zitiert nahezu vierhundertmal die Heilige Schrift, die er sich ganz angeeignet hatte. Worte aus all ihren Büchern erscheinen seinen Worten organisch einverleibt, und nur selten wird solche Eingliederung durch ein anagogisches Beugen des ursprünglichen Sinnes herbeigeführt. Und diese Zitate wirken nicht, als würden abgeschiedene Geister des Alten und Neuen Bundes «zitiert», als Kronzeugen heraufbeschworen, sondern als würden nahe Gefährten vernehmbar, die von der gegenwärtigen Welt überlärmt wurden.

Noch eines darf bei der genetischen Betrachtung nicht übersehen werden: Das Werk Juans ist aus drei verschiedenen Gedichten himmelan gewachsen und erreicht seine Geschlossenheit – trotz der herausgebrochenen höchsten Äste, der Unvollständigkeit der aktiven und passiven Nacht – durch das Ineinanderweben dreier Kronen, die geheimnisvolle Ergänzungskraft höchsten Lebens.

Juans Mystologie ist die Magd seiner Mystagogie, seiner Hinführung zum göttlichen Mystagogen, über vermeintliche und wirkliche Hindernisse hinweg. Und diese Erfahrung führt nach der Erfahrung Juans und seiner liebesmystischen Mitzeugen stets höher zu Gott hin, wenn auch die Emporbewegung zumeist erst im Rückblick und oft nicht in deutlich abgesetzter

Gliederung erfaßt wird. Allein die Schriftworte «Er muß wachsen, ich aber muß abnehmen» sind kennzeichnend für Leben und Mystagogie christlicher Mystiker. Das «magis» des Ignatius von Loyola gilt noch für sein letztes mystisches Zeugnis: er habe «stets an Leichtigkeit, Gott zu finden, zugenommen, und zwar jetzt noch mehr als je in seinem ganzen Leben». Nicht anders bekennt Juans geistliche Tochter, Teresa vom Kinde Jesus: «Wenn ich an mein Noviziat zurückdenke, wie muß ich da meine Armseligkeit feststellen! Heute lache ich über manches. Ja, der Herr ist gut, daß er meine Seele emporgehoben, ihr Flügel verliehen hat... Vielleicht wird mir später auch mein gegenwärtiger Zustand noch voll von allerlei Armseligkeiten erscheinen.» Sie hat sich Juans Werk so innig angeeignet, daß es in ihren letzten Jahren nur noch durch die Heilige Schrift verdrängt werden kann. Die Gnadeneinbrüche, die sie in der «Geschichte einer Seele» mit tiefster Einsicht verzeichnet, bedeuten eine stete Höherführung, die sich mit der von Juan gekennzeichneten Führungsweise des göttlichen Mystagogen durchaus vergleichen läßt. Wenn die Mystagogie ihres «kleinen Weges» hinter ihrem eigenen Flug jenseits aller menschlichen Führung zurückbleibt, so darf nicht vergessen werden: wohl jeder, der auf dem «kleinen Weg» weiter fortschreitet, macht die Erfahrung des Christophorus.

Auch der Mystagoge Juan wird bestimmt durch Erfahrung – nicht nur durch seine Erfahrung von Gott, sondern auch durch seine Erfahrungen mit den Seelen: seine Deutungen wollen gefährliche Mißdeutungen, seine Weisungen bedrohliche Verirrungen der Seelen wie der Seelenführer beseitigen. Doktrinäre Staffelungen, Einzwängungen des Geistes und seines Wehens dürfen ihm so wenig wie Teresa vorgeworfen werden. Nur gestreift werden die herkömmlichen drei Stationen des mystischen Weges; die Jakobsleiter mit ihren neun Liebesstufen wird von diesem «Doktor des Nichts» aufgerichtet und wieder fallengelassen. Am weitesten öffnet sich das Gleichnis von Knospe, Blüte und Frucht mit ihren dunkeln Zwischenphasen voll geheimer Bewegung gegen das Unvergleichliche.

Deutlich ist dieses: Juan sah die Scharen der Gläubigen und die kleine Schar der Jünger. Der Gläubigen nahmen sich viele an. Wer aber führte die nachgeborenen Jünger bis zu ihrem Herren? Durch die weglose Wüste zwischen dem Erlöstwerden der Gläubigen und dem Miterlösen der Apostel führt Juan de la Cruz.

TEXTE

I. DIE DUNKLE NACHT

[1] Dieses ist die mystische Theologie, die von den Gottesgelehrten geheim genannt wird und die sich nach dem heiligen Thomas der Seele durch Liebe mitteilt und eingießt. Im Geheimen gießt sie sich ein, dunkel für das natürliche Wirken der Erkenntniskraft und der anderen Vermögen.. Und in Wahrheit, nicht nur der Seele ist solche Weise unbegreiflich sondern einem jeden und auch dem Dämon. Denn der Meister, der jene lehrt, weilt wesenhaft im Inneren der Seele, dort, wohin weder der Dämon, noch die natürlichen Sinne, noch die Erkenntniskraft zu dringen vermögen. Und nicht nur deshalb kann sie geheim genannt werden, sondern auch wegen ihrer Wirkung auf die Seele. Nicht nur in den Finsternissen und Drangsalen der Läuterung, wenn diese verborgene Weisheit die Seele reinigt, ist sie geheim, da die Seele nichts über sie auszusagen vermag; sie ist es darüber hinaus auch später in der Erleuchtung: mag sie sich dann auch minder verschleiert mitteilen, sie ist für die Unterscheidungskraft und die Sprachkraft der Seele so unzugänglich, daß diese keinerlei Antrieb zum Aussagen verspürt, ja, daß sie nicht Weg noch Weise noch ein zusagendes Gleichnis findet, so erhabene Einsicht, so zarte Erfahrung des Geistes zu bezeichnen. Und so würde dieses Geheimnis gewahrt bleiben, auch wenn es sie gewaltig zu seiner Verlautbarung triebe, auch wenn sie Deutung über Deutung häufte – stets bliebe es noch auszusagen.

IN DUNKLER NACHT

In Nacht an Sternen bloß,
von Liebesdrang glühend zum Ziel gerichtet –
o wunderseliges Los! –
entging ich ungesichtet,
mein Haus in Stille lassend, tiefbeschwichtet –

tief in des Dunkels Schoß,
verborgene Stufen längs, vermummt, umdichtet –
o wunderseliges Los! –
nachts, jedem Blick vernichtet,
mein Haus in Stille lassend, tiefbeschwichtet!

Geheim, in Zauberringen
der Dunkelheit, wo mich kein Blick erkannte,
wo ich nichts sah von Dingen
und nichts mir Strahlen sandte
als jenes Leitlicht, das im Herzen brannte!

Dies lenkte mich, dies brachte
mich besser als der Tag, der grell durchblaute,
zum Ziel, wo meiner harrte
er, der zutiefst Vertraute –
zum Ziel, wo ich nichts Scheinbares erschaute.

O Nacht, du holdgesinnte,
o Nacht, die holder als das Frührot wachte!
O Nacht, die mich Geminnte
zu dem Geminnten brachte,
die mich Geminnte zum Geminnten machte!

Auf meines Busens Blüte,
die unberührt sich wahrte seinem Neigen,
sank schlummernd der Erglühte;
ich streichelte mein Eigen,
und Zedern kühlten uns mit Fächerzweigen.

Als ich sein Haar durchspielte,
da floß die Luft hernieder von der Zinne;
auf meinen Nacken zielte
ihr heiteres Gerinne
und ließ wegzücken alle meine Sinne.

Ich blieb, mir selbst entschwunden;
mein Angesicht sank nieder zum Begehrten;
ich ließ mich, weltentbunden,
ließ Sorgen, die mich sehrten,
zwischen den Lilien, sorglos, den Gefährten.

Diese Nacht, wie wir die Kontemplation nannten, verursacht zwei Arten von Finsternissen oder Läuterungen in den Vergeistigten, entsprechend den beiden Teilen des Menschen, dem sinnlichen und dem geistigen. Und so wird die eine Nacht oder Läuterung dem Sinnenhaften gelten; darin wird die Seele nach ihrer sinnengebundenen Seite geläutert und so dem Geist angepaßt. Und die andere ist eine Nacht der geistigen Läuterung, darinnen die Seele nach ihrer geistigen Seite geläutert und entblößt wird, um sie für die Liebeseinigung mit Gott zu befähigen und vorzubereiten..

Die erste Nacht oder Läuterung ist für die Sinnlichkeit bitter und furchtbar.. Die zweite ist mit nichts zu vergleichen, so grauenvoll und entsetzenerregend ist sie für den Geist. Und weil die Sinnenläuterung der zeitlichen Ordnung nach die erste ist, will ich von ihr sprechen – doch nur in Kürze. Ist sie doch, als eine gewöhnlichere Erfahrung, häufiger beschrieben worden. Dann will ich schnell dazu übergehen, die Nacht des Geistes recht eigentlich zu behandeln. Denn über sie ist äußerst wenig ausgesagt worden, weder in Rede noch in Schrift; und äußerst wenige haben sie erfahren.

I. DIE NACHT DER SINNE

[2] Wenn die Seele sich mit Entschiedenheit darauf richtet, Gott zu dienen, dann wird sie von Gott zumeist geistlich gestillt und liebkost, so wie es einem zarten Kinde von der liebevollen Mutter geschieht; die Mutter wärmt es an der Wärme ihrer Brüste, zieht es hoch mit köstlicher Milch..;

doch in dem Maße, wie es wächst, entzieht sie ihm die Liebkosung und verbirgt ihm ihre zärtliche Liebe; sie vergällt ihm die süße Brust durch bitteren Saft; und es von den Armen hinuntersenkend, lehrt sie es, auf eigenen Füßen zu gehen, damit es die Kindesweise verliert und sich an Größeres und Gewichtigeres heranwagt. Nicht anders verfährt Gottes Gnade, die liebevölle Mutter, sobald sie die Seele in ihrer neuen Glut und gottsuchenden Inbrunst wiedergeboren hat. Sie gewährt es der Seele, süße, köstliche Milch ohne alle Mühe in göttlichen Dingen und großes Wohlgefallen an geistlichen Übungen zu finden.. Da sie zum Göttlichen und zu geistlichen Übungen durch die darin empfundene Tröstlichkeit und Wonne hingezogen werden, und da sie auch nicht fähig sind, die Tugenden in hartem Kampfe durchzusetzen, so zeigen sie bei ihren geistlichen Werken viele Mängel und Unvollkommenheiten.

[3] Gott will sie vorwärtstreiben und sie fortreißen von ihrer niedrigen Weise zu einem höheren Grade der Gottesliebe und sie befreien von der niedrigen Übung sinnfälliger Betrachtungen, wobei sie Gott so kurzatmig und zweckwidrig suchen. Er will sie in die Schule des Geistes versetzen, darinnen sie sich überströmender und freier von Unvollkommenheiten mit Gott austauschen können. Haben sie sich doch schon einige Zeit auf dem Wege der Tugend geübt; sind sie doch in Meditation und Gebet verharrt; hat doch das dort verkostete Wohlgefallen ihnen Abneigung gegen Weltliches und einige geistige Kräfte für Gott eingeflößt.., mithin können sie schon für Gott ein wenig Last und Trokkenheit ertragen, ohne in der förderlichsten Stunde umzukehren.

Wenn sie diesen geistigen Übungen am meisten Wohlgeschmack abgewinnen, und wenn ihnen, nach ihrem Bedünken, die Sonne göttlicher Gnadengaben am hellsten scheint, verdunkelt ihnen Gott all dieses Licht und versperrt ihnen den Zugang zum süßen geistlichen Quell, den sie in Gott genießen durften, so oft und so lange sie wollten.. Und so läßt er sie derart im Dunkeln, daß sie nicht wissen wohin mit ihrer sinnlichen Einbildungskraft und ihren Verstandeserwägungen. Denn nicht einen Schritt mehr vermögen sie im Meditieren zu machen; ist doch ihr innerer Sinn schon in dieser Nacht untergegangen und so ohne Stillung, daß sie keinen labenden Saft in geistlichen Dingen und guten Übungen finden..; vielmehr finden sie in jenen nur Widrigkeit und Bitternis. Denn – ich sagte es schon – wenn Gott sie um einen kleinen Schuß gewachsen findet, weit genug erstarkt, sie aus den Windeln zu lassen, alsdann entzieht er ihnen den Halt der süßen Brust, läßt sie zu Boden gleiten und lehrt sie, mit eigenen Füßen gehen, was sie als etwas ganz Neues empfinden. Und wirklich hat sich ihnen alles verkehrt.

[4] Unter anderem haben viele dieser Anfangenden auch eine starke geistliche Habsucht.. Sie beladen sich mit Bildern, Rosenkränzen und Kreuzen von ganz erlesener und kostbarer Art; bald nehmen sie die einen, bald die andern; bald tauschen sie ein, bald tauschen sie zurück.. Andere seht ihr über und über behängt mit Agnus Dei, Reliquien und Heiligennamen[1], wie die Kinder mit Spielsachen.. Ich kannte jemanden, der mehr als zehn Jahre ein Kreuz in Gebrauch hatte, das roh aus einem geweihten Zweige gemacht und von einer herumgebogenen Nadel zusammengehalten war; und immer führte er es mit sich, bis ich es ihm wegnahm.

[5] Wenn diese kommunizieren, dann geht es ihnen weit mehr darum, sich ein Lustgefühl zu verschaffen als Gott demütig in sich zu verherrlichen und zu loben. Und so sehr haben sie sich dieses Verhalten zueigengemacht, daß sie beim Ausbleiben eines sinnfälligen Lustgefühls vermeinen, nichts erwirkt zu haben. Und das heißt äußerst niedrig über Gott urteilen, wenn sie nicht begreifen, daß die sinnfällige

1 Reliquien mit Namen von Heiligen.

Wirkung des Heiligsten Sakramentes das geringste ist; denn größer ist das Unsichtbare, die Gnade, die es verleiht. Damit sie es mit den Augen des Glaubens betrachten, nimmt Gott ihnen häufig jenes fühlbare, schwelgende Verkosten. Mit ihrer Weise wollen sie Gott verkosten und genießen, so als wäre er greifbar und erreichbar; und so verhalten sie sich nicht nur hier, sondern auch in allen geistlichen Übungen. All dies ist sehr große Unvollkommenheit, unvereinbar mit Gottes Hoheit; denn es ist Ungeläutertheit im Glauben.

[6] Allein von diesen und allen übrigen Unvollkommenheiten kann sich die Seele selber nicht vollständig läutern; das vollzieht sich erst dann, wenn Gott sie in die passive Reinigung der dunkeln Nacht versenkt. Freilich soll die Seele ihrerseits aus allen Kräften alles aufbieten, um sich zu reinigen und zu vervollkommnen; denn nur so wird sie es wert, daß Gott ihr jene göttliche Heilbehandlung angedeihen läßt, darinnen die Seele von allem geheilt wird, was sie selber nicht ausheilen kann. So sehr die Seele sich selber helfen will, nicht kann sie mit ihrem Bemühen sich aktiv so weit reinigen, daß sie auch nur im mindesten für die göttliche Einigung durch vollkommene Gottesliebe vorbereitet wäre. Er selber muß es angreifen und sie durch das Feuer läutern, das für sie dunkel ist.

[7] Der Grund für solche Trockenheit ist darin zu sehen, daß Gott die Werte und Kräfte vom Sinnlichen zum Geistigen hinüberwechselt, Werte und Kräfte, denen die Sinnlichkeit wie die natürliche Kraft nicht gewachsen ist, so daß diese ihnen gegenüber unempfänglich bleibt, trocken und leer. Denn der sinnenhafte Teil ist nicht aufnahmefähig für das, was reiner Geist ist. Wenn demnach der Geist seine Weide findet, verliert das Fleisch, was ihm mundet; und so wird es unlustig, zu wirken. Allein der Geist, dem die Speise zugewendet wird, erstarkt zunehmend und wird wachsamer in seiner Sorge, sich Gott in keiner Weise zu entziehen.

Und wenn der Geist anfangs nicht sogleich die geistigen Entzückungen verkostet, sondern an ihrer Statt nur Trokkenheit und Widerwillen, so liegt das an der Neuheit des Tausches. Denn da sein Gaumen an jene sinnfälligen Lustempfindungen gewöhnt ist, heftet er seine Augen immer noch auf diese. Und weil überdies sein Gaumen noch nicht hinreichend für so verfeinerte Freuden geläutert ist, sondern vielmehr erst mittels jener trockenen und dunklen Nacht allmählich vorbereitet werden soll, so empfindet er nicht den Wohlgeschmack des geistigen Gutes, sondern nur den Ausfall dessen, was er so mühelos genossen hatte... Und solche Kontemplation ist verborgen und geheim für ihn selber, in dem sie sich vollzieht..

Wenn nur die Seelen, in denen solches vorgeht, in Gelassenheit verharren wollten, unbemüht um irgendein inneres oder äußeres Werk, frei von der Spannung nach irgendeinem Tun, dann würden sie alsbald in solcher Muße und Gelassenheit ganz zart jene innere Himmelsspeise verkosten. Diese ist so zart, daß sie sich von dem auf sie gerichteten Willen oder Aufmerken nicht empfinden läßt. Denn sie wirkt, wie ich sagte, in der allergrößten Muße und Gelassenheit der Seele, vergleichbar der Luft, die stets entweicht, wenn sich die Faust um sie schließen will.

Auf so neue Weise versetzt Gott die Seele in diesen Zustand, auf so abweichendem Wege führt er sie empor, daß sie – im Gegensatz zu früher – Gottes Werk in sich mehr hemmen als fördern würde, wenn sie noch mit ihren Kräften arbeiten wollte. Der Grund ist folgender: in diesem Zustand der Kontemplation, des Überganges von der diskursiven Gedankenarbeit zum Stande der Fortgeschrittenen, ist es bereits Gott, der in der Seele am Werk ist, und zwar derart, daß er ihre inneren Kräfte zu fesseln scheint, die Erkenntniskraft jeden Ansatzpunktes beraubend, den Willen jeden Saftes und das Gedächtnis jeden Einfalls.. Gott wird nicht unterlassen, ihnen die notwendige Wegzehrung zu spenden, bis er sie schließlich in das klare und reine Licht der Liebe hineinzieht, mit Hilfe der andern dunklen Nacht, der des Geistes, wenn sie dieser zweiten Läuterung würdig sind.. Und wenn sie auch scharfe Bedenken fühlen und Zeit zu verlieren wähnen und irgendeine Betätigung für besser halten, weil sie im Gebet nichts leisten und nichts denken können, so mögen sie das gelassen und beschwichtigt tragen! Denn hier kommt alles darauf an, daß sie dem Geiste seine ungezwungene Bewegungsweite lassen.. Wenn Gott bei seinem Eingießen der Kontemplation nicht von der Seele gestört wird, dann erquickt er sie mit einer größeren Fülle des Friedens und läßt sie entbrennen in dem Geiste der Liebe.

[8] Wenn jenes liebevolle Licht sich mitteilt, dann strahlt es mitunter mehr in den Willen, ihn mit Liebe entflammend, während es das Erkenntnisvermögen dunkel und unbestrahlt läßt. Und ein andermal wird dieses mit Einsicht erleuchtet, und der Wille bleibt in Trockenheit – wie auch wohl die Wärme des Feuers aufgenommen werden kann, ohne daß zugleich das Licht sichtbar wird, oder wie auch das Licht sichtbar werden kann, ohne daß die Wärme empfangen wird; und dieses wirkt der Herr, der einstrahlt, wie er will.

[9] Mitten in diesen Trockenheiten und Bedrängnissen, oft wenn die Seele es am wenigsten erwartet, teilt Gott ihr geistliche Einsichten mit und reine Liebe und ein zartes Innewerden, dies alles förderlicher und wertvoller als jegliches vorher Verkostete. Anfänglich freilich schätzt die Seele es nicht so ein, eben weil die geistliche Eingießung so überaus zart gesependet wird.

[10] Mitunter beginnt die Seele unvermittelt einen Drang nach Gott zu empfinden; und mit der Zeit empfindet die Seele immer deutlicher, daß sie entbrannt ist in Liebe zu Gott; sie weiß nicht und begreift nicht, wie und woher ihr so inbrünstig Liebe kommt; sie nimmt nur wahr, daß diese innere Glut mitunter anschwillt bis zu einem leidenschaftlichen Verlangen nach Gott.

[11] Der Wanderer zu neuen Gebieten, zu unbekannten und unerforschten, er dringt vor auf neuen Wegen, unbekannten und unerforschten, nicht geführt durch das, was er zuvor wußte, sondern in Zweifeln und auf die Aussagen anderer hin; und sicherlich, er könnte nicht zu neuen Ländern gelangen und noch mehr als zuvor erfahren, wenn er nicht durch neue, nie erforschte Wege zöge, das Bekannte hinter sich lassend. Und wer tiefer in ein Gewerbe oder in eine Kunst eindringt, der tastet immer durch Dunkel, frühere Erfahrungen zurücklassend.. Und so geht die Seele, wenn sie am meisten gefördert wird, im Dunkeln voran, im Ungewissen. Denn Gott ist hier Meister und Führer der Seele, dieser Blinden.

[12] In solcher Nacht gibt es eine andere große Förderung für die Seele: sie übt die Tugenden in ihrer Gesamtheit. So stärkt sie ihre Geduld und Langmut.., in den geistlichen Übungen ohne Trost und ohne Entzückungen ausharrend. Sie übt sich in reiner Gottesliebe; denn nicht mehr wird sie bewegt und angelockt von irgendeiner Lust, die sie bei ihren Betätigungen verkostet hatte, sondern lediglich von Gott. Ferner übt sie hierbei die Tugend des Starkmutes; denn bei den Schwierigkeiten und Widrigkeiten, auf die sie bei ihrem Wirken stößt, gewinnt sie Kräfte aus der Schwäche; kurz, in Tugenden jeder Art.. übt sich die Seele in solchen Trockenheiten..

Auch von den Unvollkommenheiten aus Neid, Zorn und Verdrossenheit läutert sich die Seele bei solcher Austrocknung der Triebe; und sie erwirbt dabei die jenen entgegengesetzten Tugenden. Gedemütigt und geschmeidigt, wie sie ist, durch diese Trockenheiten, Schwierigkeiten und anderen Versuchungen und Plagen, mit denen Gott sie im Verlaufe dieser Nacht fördert, wird sie sanftmütig gegen Gott und gegen sich selber und auch gegen den Nächsten. Nun ist sie nicht mehr aufgebracht über ihr Versagen bei sich selber, noch über fremdes Versagen bei den Nächsten, noch hadert sie unangemessen mit Gott, weil er sie nicht unverweilt gut macht. Auch hat sie, statt des Neides, nun Mitgefühl mit den andern. Wenn sie noch ein wenig Neid fühlt, so ist er nicht mehr lasterhaft wie zuvor, als sie sich quälte, weil sie andere bevorzugt glaubte; denn sie räumt ihnen gerne den Vorrang ein, da sie sich so jämmerlich findet.. Sofern sich die Seele von sinnlichen Neigungen und Trieben läutert, erreicht sie eine Freiheit des Geistes, darin die zwölf Früchte des Heiligen Geistes heranreifen.

[13] Die Seele beginnt, Gott mit größerer Ehrerbietung und zuchtvollerer Ergebenheit zu begegnen, so wie sie sich gegenüber dem Höchsten immer verhalten sollte. So tat sie nicht in dem Wohlgedeihen ihrer Wonnen und Tröstungen. Denn jene angenehme Begünstigung, die sie empfand, machte ihre Begier nach Gott um einiges verwegener, als sie sein sollte, und formloser und anmaßender... So ist denn diese dunkle Nacht mit ihren Trockenheiten und Verödungen ein Mittel, um Gott und um sich selber zu erkennen, freilich noch nicht mit so überwältigender Fülle wie in der Nacht des Geistes.

[14] Allein die Dauer dieser Bußzeit und Fastenzeit für die Sinne kann nicht vorausgesagt werden; nicht gilt für alle die gleiche Dauer, auch nicht die gleiche Art von Versuchungen; Gott bemißt dies nach seinem Willen, entsprechend dem Grad der Unvollkommenheit, die jeweils geläutert werden soll. Und auch entsprechend dem Grad der Liebeseinigung, zu dem Gott die Seele erheben will, wird er sie mehr oder weniger durchgreifend demütigen, und je nachdem für längere oder kürzere Frist. Solche, die wesentlich mehr Kraft zum Leiden haben, werden von ihm heftiger und schneller geläutert. Hingegen führt er die ganz Schwachen mit großer Nachsicht, mit schwachen Versuchungen, in langer Zeit durch diese Nacht. Er bietet ihren Sinnen regelmäßig Erfrischungen, damit sie nicht umkehren; und spät

gelangen sie in diesem Leben zur Lauterkeit der Vollkommenheit, und einige von ihnen niemals. Denn sie befinden sich nicht recht innerhalb dieser Nacht und nicht recht außerhalb. Doch wenn sie auch nicht weit vorankommen, so übt sie Gott doch – um sie in Demut und Selbsterkenntnis zu erhalten – für eine kürzere Spanne in jenen Trockenheiten und Versuchungen; und er kommt ihnen zu Zeiten mit seinem Trost zuhilfe, damit sie nicht zurückgeworfen den Trost der Welt suchen.. Die Seelen jedoch, die zu so glückseligem und erhabenem Stande, zu solcher Liebeseinigung gelangen sollen, sie müssen – auch wenn Gott sie noch so schnell hinanführt – zumeist eine gründlich lange Zeit in solchen Trockenheiten und Versuchungen ausharren.

2. DIE NACHT DES GEISTES

[15] Die von Gott geförderte Seele wird nach den Trokkenheiten und Mühsalen der ersten Läuterung, der Nacht der Sinne, nicht sogleich von Gottes Majestät in diese Nacht des Geistes versenkt. Vielmehr pflegt viel Zeit, pflegen Jahre zu vergehen, in denen die Seele, die den Stand der Anfangenden überwunden hat, sich in dem der Fortgeschrittenen übt.. Mit großer Leichtigkeit findet sie nun in ihrem Geist eine überaus heitere und liebeerfüllte Beschauung und geistliche Erquickung, fern von der Mühsal des Überdenkens. Allein die Läuterung der Seele ist noch nicht zu Ende geführt. Denn es fehlt noch ihr wesentlicher Teil, die Läuterung des Geistes, ohne die jene Sinnenläuterung, so stark sie gewesen sein mag, doch unvollendet und unvollkommen bleibt; stehen doch Leibseele und Geistseele in Wechselbeziehung, als Teile einer Ganzheit. Und so fehlen der Seele niemals vorübergehende Bedrängnisse, Trockenheiten, Finsternisse und Nöte, viel einschneidender als die vergangenen – Vorgefühle und Vorboten der kommenden Nacht des Geistes, wenn auch nicht so dauerhaft wie die bevor-

stehende Nacht. Denn wenn dieser mächtige Sturm einige Stunden, einige Tage anhielt, kehrt alsbald die gewohnte Heiterkeit zurück..

Diese tiefen Wonnen, die solche Fortgeschrittenen leicht und überströmend in ihrem Geist erfahren, werden ihnen viel gewaltiger als vordem mitgeteilt; stärker als vor der Läuterung der Sinne fluten sie über, vom Geist in die Sinnlichkeit. Und insofern diese schon geläutert ist, kann sie nun mit größerer Leichtigkeit die Wonnen des Geistes auf ihre Weise mitempfinden. Und da schließlich dieser sensitive Teil der Seele in seiner Schwäche nicht den gewaltigen Vorgängen innerhalb des Geistes gewachsen ist, so bewirken solche geistigen Mitteilungen bei ihrem Übergreifen auf die Leibseele mancherlei Schädigung und Einbuße bei den Fortschreitenden.. Und daher kommt es, daß die göttlichen Mitteilungen bei diesen nicht so stark, so intensiv, so geistig sein können, wie es für die Gotteinigung erforderlich ist – eben wegen der Schwäche und Hinfälligkeit der Sinnlichkeit, die an ihnen teilhat. Daher kommen die Ekstasen, die Stigmen, die Gliederverrenkungen, die immer auftreten, wenn die Mitteilungen nicht rein geistig sind, nicht nur dem Geist gelten. Rein geistig sind sie bei den Vollkommenen, bei diesen, die nach der Läuterung durch die zweite Nacht, jene des Geistes, nicht länger von solchen Verzückungen und körperlichen Qualen heimgesucht werden und die Freiheit des Geistes ohne Umwölkung und Hinübergehen der Sinne genießen.

[16] Alle Unvollkommenheiten und Ungeordnetheiten der Leibseele haben ihre nährende Wurzel im Geiste, in dem die guten und die schlechten Gewohnheiten ihre Stätte haben; erst wenn diese geläutert sind, können die Empörungen und schlechten Angewohnheiten der Sinnlichkeit ganz bezwungen werden. Aus diesem Grunde werden in der nun folgenden Nacht beide Teile zusammen geläutert. Darum mußte die Neugestaltung durch die erste Nacht durchge-

macht werden, darum die darauffolgenden Erquickungen, damit die Leibseele nicht anders wie die Geistseele, sondern beide vereint durch wuchtigeres Leiden geläutert werden.. Denn wäre die Schwachheit des unteren Teiles nicht zuvor umgestaltet worden, wäre dieser Teil nicht durch den folgenden beseligenden Umgang mit Gott zu Kraft gekommen, so wäre seine Natur nicht vorbereitet und stark genug, jene Nacht auszuhalten

[17] *In Nacht, von Sternen bloß,*
von Liebesdrang glühend zum Ziel gerichtet –
o wunderseliges Los! –
entging ich ungesichtet,
mein Haus in Stille lassend, tiefbeschwichtet –

Diese Strophe wird hier auf die Läuterung, Kontemplation, Entblößung oder Armut des Geistes bezogen, was alles hier fast das gleiche besagt. Wir können sie erklären durch folgende Worte der Seele:

In Armut, Verlassenheit, ohne den Halt der gewohnten Wahrnehmungen, nämlich in der Dunkelheit meiner Erkenntniskraft, in der Bedrängnis meines Willens, in der Beengung und Bedrückung meiner Gedächtniskraft, mich dem Dunkel in reinem Glauben überlassend, in meinem Willen von nichts bewegt als von schmerzvollem Liebesdrang nach Gott, so entging ich mir selber – das heißt, meiner niedrigen Weise, zu begreifen, und meiner schwachen Art, zu lieben, und meiner kargen Fähigkeit, Gott zu genießen –, ich entging mir, ungehindert von Sinnlichkeit und Dämon. Und das war ein seliges Los.. Ging ich doch über von meinem dürftigen menschlichen Verknüpfen und Wirken zu einem Mitwirken und Verbundensein mit Gott. Das heißt: meine Erkenntniskraft überschwang sich selber und wurde von einer menschlichen und natürlichen zu einer göttlichen. Denn da sie sich kraft jener Läuterung mit Gott vereinte, erkennt sie fortan nicht mehr mit ihrer natürlichen Kraft, sondern durch die göttliche Weisheit, mit der sie sich vereinigte. Und mein Wille überstieg sich selber ins Göttliche. Denn geeinigt mit der göttlichen Liebe, liebt er nicht mehr auf niedrige Weise mit seiner natürlichen Kraft, sondern mit der Kraft und Reinheit des Heiligen Geistes. Und so bewegt sich der Wille nicht mehr auf menschliche Weise zu Gott; und nicht minder hat sich das Gedächtnis zu Wahrbildern der Seligkeit verwandelt. Kurz, alle Kräfte und Neigungen der Seele, sie alle erneuern sich, kraft dieser Nacht und Läuterung des alten Menschen, mit göttlichen Stimmungen und Entzückungen.

[18] Diese dunkle Nacht ist eine gnadenvolle Einwirkung Gottes auf die Seele, wodurch sie von ihren Unwissenheiten wie von ihren gewohnheitsmäßigen Unvollkommenheiten, den natürlichen wie von den geistlichen, geläutert werden soll.. Im Geheimen lehrt Gott die Seele und lenkt sie zur Vollkommenheit der Liebe, ohne ihr Zutun, ohne ihre Einsicht in solche eingegebene Kontemplation. Als liebevolle Weisheit wirkt Gott mit übergewaltiger Hoheit auf die Seele ein.. Die gleiche liebevolle Weisheit, von der die seligen Abgeschiedenen geläutert und erhellt werden, ist hier am Werk, um die Seele zu reinigen und zu erhellen.

Warum aber wird das göttliche Licht.. hier von der Seele dunkle Nacht genannt? Ich antworte: aus zwei Gründen ist diese göttliche Weisheit nicht nur Nacht und Finsternis für die Seele, sondern auch Qual und Pein. Nacht ist sie wegen ihrer Erhabenheit, die weit über die Fassungskraft der Seele hinausgeht; als überwahrnehmbar ist sie dunkel. Zum andern ist sie Nacht wegen der Niedrigkeit und Unreinheit der Seele und darum für sie peinvoll, schmerzhaft und gleichfalls dunkel.. Je freier die Sonne angeschaut wird, um so mehr verdunkelt und vernichtet sie die Sehkraft, dieser schwachen allzu überlegen.. Wenn die Augen krank sind, entzündet und getrübt, dann schmerzt sie das Eindringen des klaren Lichtes; und solche Qual ist in der Seele, wegen ihrer Getrübtheit, wenn dieses göttliche Licht nach seinem Wesen in sie eindringt. Da dies reine Licht in die Seele fällt, um die Unreinheit dort zu vertreiben, fühlt sich die Seele unrein und verächtlich. Gott erscheint ihr als Gegner; und sich selber hält sie jetzt für den Gegensatz zu Gott. Darüber fühlt die Seele bitteres Leid; glaubt sie doch, Gott habe sie verworfen.. Unter der Einwirkung dieses klaren und lauteren Lichtes erfaßt die Seele deutlich, wenn auch im Dunkeln, daß sie unrein ist, unwürdig Gottes, aber auch unwürdig irgendeines Geschöpfes. Und was sie am meisten quält, ist der Gedanke, niemals Gottes würdig zu werden und alles Gute verloren zu haben. Daher das tiefe Untertauchen ihres Gemütes in der Betrachtung und Empfindung ihrer Übel und Jämmerlichkeiten. Denn alle diese führt ihr das göttliche und dunkle Licht vor Augen und dazu die bestimmte Einsicht, daß sie von sich aus nichts anderes zueigen hat.

Zum andern härmt sich die Seele über ihre Schwachheit, die naturhafte, sittliche und geistliche. Denn fällt diese göttliche Kontemplation mit einiger Heftigkeit in die Seele ein, um sie zu stärken und sie zu zähmen, dann leidet diese so in ihrer Schwäche, daß sie nahezu stirbt – und zumal, wenn sie mitunter noch gewaltiger einbricht. Dann ist es, als wären Leib und Seele unter einer ungeheuren, dunklen Last, mit solchen Todesqualen, daß der Tod Erleichterung und Ausweg wäre.. Oh höchst staunenswert und bejammernswert, diese Schwäche und Unreinheit der Seele! Was hier als überschwer und gegnerisch von der Seele empfunden wird, ist Gottes Hand, an sich gelinde und sanft, die Hand, die sich in Wahrheit nicht wuchtig auferlegt, sondern nur leise anrührt, und das voll Barmherzigkeit, nicht um zu züchtigen, sondern um zu begnaden.

[19] Die dritte Art von Passion und Pein, die hier über die Seele kommt, entspringt aus zwei anderen Gegensätzen, dem Göttlichen und dem Menschlichen, die nun zusammentreffen. Das Göttliche ist diese läuternde Kontemplation,

und das Menschliche ist das Subjekt der Seele. Denn da das Göttliche sie überfällt, um sie durch Ausreifen und Erneuern göttlich zu machen, da es sie von allen eingewurzelten Neigungen und Eigenheiten des alten Menschen, mit denen sie verklebt und verwachsen ist, vollkommen entblößen will, zerstückelt und vernichtigt es derart ihre geistige Substanz in einer sie umschlingenden dichten und tiefen Finsternis, daß sich die Seele angesichts ihrer Erbärmlichkeiten in einem grausamen Geistestod hinschmelzen und hinschwinden fühlt. Nicht anders, als fühlte sie sich eingeschluckt in den düsteren Bauch eines Ungeheuers und von ihm zersetzt.. Denn in diesem Grab eines dunklen Todes muß sie ihrer geistlichen Auferstehung entgegenharren...

Und in Wahrheit, wenn diese läuternde Kontemplation hereinbricht, dann fühlt die Seele unabweislich Todesschatten, Todesstöhnen und Höllenqualen; denn sie fühlt sich ohne Gott, gezüchtigt und verworfen, unter der Wucht seines Zornes.. Und mehr, in ihrer Beängstigung fürchtet sie, daß all dieses auf ewig sei. Und in gleicher Weise glaubt sie sich von allen Kreaturen, zumal von ihren Freunden, verlassen und verachtet..

Die vierte Art der Pein wird in der Seele durch eine andere Vollkommenheit der dunklen Kontemplation erregt, durch ihre Majestät und Hoheit; im Gegensatz dazu empfindet sich die Seele als arm und jämmerlich.. Sie fühlt in sich eine abgründige Leere und Entblößtheit.. Denn der sensitive Teil wird in der Trockenheit geläutert, die Seelenvermögen in der Entleerung von allen Wahrnehmungen, und der Geist in dichter Dunkelheit.. Und das ist ein überaus qualvolles Leiden, als würde man aufgehängt oder in der Luft, ohne atmen zu können, festgehalten..

Solche sind es, die in Wahrheit lebendig zur Hölle fahren; denn sie werden im Diesseits schon auf die Weise des Jenseits geläutert. Ist doch diese Läuterung eben jene, die sich sonst im Jenseits vollzieht. Und die Seele, die solches durchmacht, bleibt entweder von jenem Ort verschont oder verweilt dort nur für kürzeste Zeit. Denn eine einzige Stunde im Diesseits fördert mehr als viele im Jenseits.

[20] Großes Mitleid muß man mit einer solchen Seele haben. Kommt doch zu allem anderen hinzu, daß sie in der Einsamkeit und Verlorenheit dieser dunklen Nacht nicht Trost und nicht Halt bei irgendeiner Lehre, bei irgendeinem Seelenführer findet. Auch wenn dieser sie auf vielen Wegen zu den Gründen des Trostes hinführen will, zu dem Wert dieser Qualen – sie vermag es nicht zu glauben. Da sie so ganz benommen, so ganz versunken ist in dem Gefühl der Übel, das ihr so deutlich ihre Jämmerlichkeit dartut, so scheint es ihr, daß jene, die nicht sehen und mitempfinden, was sie empfindet, nur aus Mißverstehen ihr solchen Trost zusprechen. Und statt Tröstungen empfängt sie neuen Schmerz; denn sie verkennt jenes wahre Heilmittel und verwirft es daher..

Obgleich die Seele in dieser Läuterung es inne wird, daß sie Gott inbrünstig liebt und daß sie für ihn tausend Leben hingeben würde.., so bringt ihr das dennoch keine Erleichterung, vielmehr bloß neue Pein: nun, da sie ihn so stark liebt und mit solcher Ausschließlichkeit und zugleich sich selber so erbärmlich findet, kann sie nicht glauben, daß Gott sie wiederliebt und daß er jetzt und jemals etwas in ihr liebenswert finden wird..

Wohl gibt es in solchem Zustand Pausen und Erleichterungen, dann nämlich, wenn Gott die Seele entbindet und die dunkle Kontemplation nicht auf läuternde Weise hereinbricht, sondern liebreich erleuchtend: dann ist es der Seele, als wäre sie aus dem Kerker, aus der Gefangenschaft entkommen; umgeben von erquickender Weite und Freiheit, fühlt sie mildesten Frieden und liebreiche Vertrautheit mit Gott, in leichtem Überfließen geistlichen Austausches.. Allein bis die geistliche Läuterung ganz vollzogen ist, quillt die sanfte Mitteilung selten so überströmend, daß sie einen noch ungeläuterten Rest verdeckte. Es bleibt in der Seele ein Gefühl, daß drunten im Innern noch etwas fehlt, irgend etwas, mit dem noch etwas geschehen muß. Das läßt sie ihre Erleichterung nicht vollkommen genießen; sie fühlt im Innern etwas wie einen Feind, der ruhig zu schlafen scheint, und sie befürchtet, daß er von neuem auflebt und ihr wiederum zusetzt. Und so ist es auch: wenn sie sich am sichersten fühlt und am wenigsten auf der Hut ist, dann kommt er wieder und schlingt und saugt die Seele ein, schlimmer und härter als zuvor.. Und es genügt der Seele nicht die Erfahrung, daß auf die erste Mühsal eine Zeit der Wonne folgte und daß sie auch damals glaubte, nie mehr leiden zu müssen; sie kann nicht anders als bei diesem zweiten Grade der Drangsal glauben, nun sei die Beseligung für immer vorbei.

[21] So kann sie weder beten noch mit rechter Aufmerksamkeit sich den göttlichen Dingen hingeben, so wenig wie den übrigen zeitlichen Dingen und Anforderungen. Und nicht nur das. Mitunter erleidet ihr Gedächtnis derartige Entfremdungen und so gänzlichen Schwund, daß eine Weile vergehen kann, ohne daß sie weiß, was sie tat oder dachte.. Insofern hier nicht nur die Erkenntniskraft von ihrem Licht, der Wille von seinen Neigungen geläutert wird, sondern auch das Gedächtnis von seinen Verknüpfungen und Erinnerungen, muß auch dieses mit seinem Inhalt zunichte werden. So zeigt sich bestätigt, was David in solcher Läuterung sagt: «Ich war vernichtet und wußte es nicht.» ..Solche Entfremdung und Abwesenheit wird verursacht von einer inneren Sammlung, darein die Seele durch die Kontemplation gezogen wird.

Unglaublich will es scheinen, daß jenes übernatürliche und göttliche Licht die Seele um so mehr verdunkelt, je heller und reiner es ist.. Um das verständlicher zu machen, möchte ich es jetzt mit dem natürlichen und gewöhnlichen Licht vergleichen: der Sonnenstrahl, der durch das Fenster einfällt, ist um so weniger sichtbar, je weniger er von Sonnenstäubchen durchsetzt ist; und je mehr Stäubchen und

Teilchen die Luft enthält, um so klarer erscheint er dem Auge. Denn das Licht wird in sich selber nicht gesehen; vielmehr ist es das Mittel, das die von ihm getroffenen Gegenstände sichtbar macht... Wenn nun das geistliche Licht, das in die Seele einfällt, etwas zum Beglänzen findet, etwa einen Gedanken, der auf Vollkommenheit zielt,.. und sei es nur wie ein Atom, oder ein Urteil über Wahr und Falsch, dann kann die Seele flugs ihn sehen und viel deutlicher begreifen als zuvor in ihrer Dunkelheit. Und ebenso erkennt sie das geistliche Licht in ihrem Innern an ihrem klaren Einsehen der Unvollkommenheiten, die solchem Licht entgegenstehen – so wie es bei jenem Strahl geschieht, der ungesehen in ein Zimmer scheint: wenn eine Hand.. durch ihn hindurchfährt, dann wird sie hell sichtbar und läßt das Dasein des Sonnenstrahles erkennen. Und dies geistliche Licht, das so einfach, rein und allgemein ist, ungebrochen und unabgesondert zu irgendeiner deutlichen Einzelheit.., es läßt die Seele mit großer Allgemeinheit und Leichtigkeit alles Himmlische und Irdische erfassen..

Überall reicht es hin kraft seiner Reinheit (Sap. VII,24). Das vermag es, weil es sich zu keiner deutlichen Einzelheit, zu keiner Zuneigung besondert. Und das ist die Eigenart des Geistes, der von allen vereinzelten Neigungen und Meinungen geläutert und ganz entblößt wurde: während er nichts im Besonderen genießt oder erkennt, während er in seiner Leere und dichten Finsternis verweilt, umfaßt er alles in großer Erschlossenheit. Auf mystische Weise verwirklicht er so das Wort des heiligen Paulus: nichts habend und alles besitzend. Denn solche Seligkeit gebührt solch geistiger Armut.

[22] Diese heilbringende Nacht verdunkelt den Geist nur, um ihm alle Dinge zu erhellen; sie demütigt und verelendet ihn nur, um ihn aufzurichten und hoch zu erheben; sie macht ihn arm und leer von allem natürlichen Besitz und Anhang, nur damit er in göttlicher Unbegrenztheit alles Himmlische und Irdische genießen und verkosten kann, mit

der Freiheit des unbesonderten Geistes alles umspielend. Die Elemente, die sich allen natürlichen Wesen, allen zusammengesetzten Körpern mitteilen, wollen frei sein von jeder Besonderheit an Farbe, Duft und Geschmack; denn nur so können sie mit jedem Geschmack, mit allen Düften und Farben wetteifern. Nicht anders muß der Geist einfach sein und rein und entblößt von allen Weisen natürlicher Neigungen, vorübergehender wie eingefleischter; denn nur so kann er frei in der Weite des Geistes Gemeinschaft pflegen mit der Ewigen Weisheit, die dem geläuterten alle Köstlichkeiten aller Dinge zu schmecken gibt, in einer Weise der Auserwählung. Und ohne jene Läuterung kann er unmöglich die Fülle geistiger Köstlichkeiten aufnehmen..

Ihn hebt diese Nacht heraus aus seinem geläufigen und gewöhnlichen Empfinden der Dinge; sie verleiht ihm so einen göttlichen Sinn, der so abseits und so fremd aller menschlichen Weise ist, daß es der Seele scheint, sie weile außer sich. Ein andermal fragt sie sich, ob sie bezaubert oder benommen sei; Staunen erfüllt sie über alles, was sie sieht oder hört, so seltsam und fremdartig scheint es ihr – und es ist doch das Gleiche, womit sie täglich umging. Das hat darin seinen Ursprung, daß die Seele schon beginnt, sich der gemeinen Auffassung und Wahrnehmung der Dinge zu entfremden, um am Ende über all dies entrückt und für das Göttliche geformt zu sein, ein Zustand, der mehr dem andern Leben als diesem eigen ist.

Von Liebesdrang glühend zum Ziel gerichtet

[23] Dies ist eine Entbrennung leidenschaftlicher Liebe im Geiste, wobei die Seele inmitten jener dunklen Bedrängnisse sich durchdringend und lebhaft von starker göttlicher Liebe verwundet fühlt, mit einer gewissen Empfindung und Ahnung von Gott, ohne Einzelnes aufzufassen in dieser Verdunkelung der Erkenntniskraft.

In solcher leidenschaftlichen Liebe leidet der Geist tief; denn jene geistige Entflammung bewirkt eine Passio der Liebe. Als eingegossene Liebe ist sie mehr leidend als handelnd; und so erzeugt sie in der Seele eine starke Passion der Liebe. Und in dieser Liebe birgt sich schon etwas von der Einigung mit Gott; und so hat sie schon etwas Anteil an der Eigenart dieser Einigung, darin Gott mehr handelt als die Seele..

So läßt sich in etwa abschätzen, wie groß und wie stark dieser Liebesbrand im Geiste sein muß, wo Gott alle geistigen wie sinnlichen Kräfte, Vermögen und Triebe der Seele zusammenfaßt, damit diese ganze Harmonie all ihre Kräfte und Tugenden in solcher Liebe verwende.. Wenn im Liebesbrande alle Triebe und Kräfte der Seele zusammenflammen, und wenn sie selber sich in all ihren Kräften verwundet und leidenschaftlich aufgewühlt findet, wie müssen die Bewegungen dieser Kräfte und Triebe umherschweifen, entflammt, wie sie sind, und verwundet von starker Liebe und ohne Besitz und Befriedigung ihrer Liebe und im Dunkel, im Zweifel?.. Allein inmitten solcher Qualen des Dunkels und der Liebe fühlt die Seele etwas wie einen Gefährten und eine Kraft in ihrem Innern; und so stärkend ist dieses Geleit, daß sie bei dem Aussetzen der drückenden Finsternis sich leer, schlaff und vereinsamt fühlt.

[24] Wie die Geister im jenseitigen Leben mit einem dunklen, stofflichen Feuer geläutert werden, so werden sie in diesem Leben von einem dunklen, liebreichen und geistigen Feuer geklärt. Denn das ist der Unterschied: dort werden sie durch Feuer durchläutert, hier durchläutert und erleuchtet allein von Liebe.. Werden doch die Menschen reinen Herzens von unserem Erlöser selig genannt. Selig, das heißt soviel wie liebend; denn die Seligkeit wird für nichts Geringeres gegeben als für Liebe..

Niemals verleiht Gott mystische Weisheit ohne Liebe; es ist ja die Liebe selber, die jene eingießt.. Jene dunkle Kontemplation durchtränkt die Seelen zugleich mit Weisheit und mit Liebe, eine jede nach ihrer Fassungskraft und Bedürftigkeit erleuchtend und läuternd.. Gottes Licht, das den Engel erleuchtet und ihn als lauteren, für seine Einstrahlung erschlossenen Geist verklärt und für seine Liebe geschmeidig macht, es erleuchtet den noch unreinen und schwachen Menschen notwendig durch peinvoll bedrängende Umdunkelung; und das währt solange, bis eben dieses Liebesfeuer ihn vervollkommnet und vergeistigt hat und er in seiner Reinheit nun die einigende Liebeseingießung in sanfter Beseligung empfangen kann, gleich den Engeln.

[25] Einige Male wird die Seele in der Nachttiefe erhellt und leuchtet das Licht in die Finsternis.. Alsdann wird jenes mystische Innewerden der Erkenntniskraft zugeleitet, während der Wille trocken verbleibt, nicht durchwirkt von der Liebeseinigung – ein Innewerden, für den Sinn der Seele von so zarter Heiterkeit und beglückender Einfalt, daß keine Benennung heranreicht, bald in einer Weise der Gotterfahrung, bald in einer andern. Mitunter aber fällt es zugleich in den Willen: und Liebe ergreift ihn, erhaben, zart und stark; denn diese beiden Seelenkräfte, Erkenntnis und Wille, vereinigen sich manchmal, wenn die Erkenntnis schon durchgreifender geläutert ist – und sie tun es um so vollkommener und eindringender, je geklärter sie ist.

Allein hier erhebt sich ein Zweifel, und zwar folgender: Wenn beide Seelenkräfte gleichzeitig geläutert werden, wie geschieht es dann, daß anfänglich viel häufiger im Willen die inbrünstige Liebe der läuternden Kontemplation verspürt wird als in der Erkenntniskraft die entsprechende Einsicht? Darauf ist zu antworten, daß solche passive Liebe nicht geradenwegs den Willen trifft. Denn der Wille ist frei; und diese Liebesentbranntheit ist mehr Leidenschaft der Liebe als freier Willensakt. Denn es trifft diese Glut der Liebe in die Substanz der Seele, und die Zuneigungen der Seele werden dadurch passiv erregt.. Doch weil diese Leidenschaften und Hinneigungen auf den Willen abzielen, darum sagt man, wenn die Seele von einer Leidenschaft ergriffen ist, der Wille sei es. Und das läßt sich insofern mit Recht sagen, weil der Wille auf solche Weise eingefangen und seiner Freiheit beraubt wird, hingerissen von der ungestümen Gewalt der Leidenschaften.. Und weil die empfangende Leidenschaft der Erkenntniskraft nur entblößt und passiv ihre Einsichten zu erhalten vermag, und das erst nach ihrer Läuterung, so erfährt die Seele vor vollzogener Durchklärung seltener die Berührung der Einsicht als die der Liebesleidenschaft. Ist es doch für die letztere nicht notwendig, daß der Wille hinsichtlich der Leidenschaften gänzlich geläutert sei; denn selbst die Leidenschaften helfen ihm, leidenschaftliche Gottesliebe zu empfinden.

Solches Dürsten inbrünstiger Liebe ist von jenem in der Nacht der Sinne durchaus verschieden, da es hier schon vom Heiligen Geist herrührt. Denn wenn auch die Leib-Seele ihre Last trägt, weil sie stets an den Nöten des Geistes ihren Anteil hat, so wird doch der Ursprung solchen Liebesdürstens aufs lebhafteste im oberen Teil der Seele, im Geist empfunden.., und für diesen ist alles Leiden des sinnenhaften Teiles, wenn es auch unvergleichlich größer ist als in der ersten Nacht der Sinne, nur ein Nichts. Denn im Innern erkennt er das Fehlen eines gewaltigen Gutes, in einem Entbehren, das durch nichts gestillt werden kann.

Wenn auch in den Anfängen der geistigen Nacht solche Liebesentbranntheit noch nicht empfunden wird, da das Liebesfeuer sich noch nicht auswirkte, so verleiht Gott doch statt dessen der Seele von Anfang an eine so große hochschätzende Liebe zu seiner Erhabenheit, daß ihr heftigstes Schmerzgefühl in den Peinen der Nacht die niederschmetternde Bangnis vor dem Verlust Gottes ist, vor dem Verlassensein von ihm. Und so können wir sagen, daß seit Beginn der Nacht die Seele von Liebesdrang ergriffen ist, anfänglich von schätzender Liebe, dann auch von entflammender Liebe... So groß ist diese schätzende Liebe zu Gott, obgleich im Dunkeln und unerfühlt, daß die Seele viele Male sterben möchte, um ihm zu genügen. Allein wenn die Flamme bereits die Seele entzündet hat und diese Glut mit der schon lebendigen Schätzung für Gott zusammentrifft, dann entfacht der Liebesbrand in ihr ein so ungestümes Hochlodern zu Gott, daß sie mit großer Kühnheit und Unerschrockenheit, in der Kraft und Trunkenheit des Liebesverlangens, schier achtlos Seltsames und Ungewöhnliches begehen würde, auf jede Weise und bei jeder Gelegenheit, um ihm zu begegnen, den sie von Herzen liebt.

So geartet war die Triebkraft für Maria Magdalena, daß sie, die damals Geringgeschätzte, sich nicht um die Schar der vornehmen Geladenen im Haus des Pharisäers kümmerte.., nicht eine gelegenere Stunde abwartete, um zu ihm vorzudringen, von dem ihre Seele schon verwundet und entflammt war. Und so geartet ist die Trunkenheit und Verwegenheit der Liebe: sie wußte, daß ihr Geliebter im Grab verschlossen war durch einen großen gesiegelten und von Soldaten rings bewachten Stein.. Aber nichts konnte sich ihr in den Weg stellen, den sie vor Tag mit den Spezereien durcheilte, um den Herrn zu salben. Solche Trunkenheit verlangender Liebe ließ sie schließlich den vermeintlichen Gärtner fragen, ob er ihn aus dem Grab gestohlen und wo er ihn hingelegt habe. ..Sie beachtete nicht, daß solche Frage nach freiem und vernünftigem Urteil unsinnig war: denn hätte er ihn gestohlen, so hätte er es nicht eingestanden; und noch weniger hätte er ihr erlaubt, ihn wegzutragen. Doch das bewirkt die Übergewalt der Liebe, daß ihr alles möglich erscheint, und daß ihr alle als gleichen Sinnes mit ihr selber vorkommen; denn sie glaubt nicht, daß irgend jemand sich mit einer anderen Sache beschäftigen dürfe als sie, daß keiner einen anderen suchen könne als ihn, den sie sucht und den sie liebt.. Mit dem Ungestüm einer Löwin oder Bärin, die vergeblich ihre geraubten Jungen sucht, so sucht diese verwundete Seele ihren Gott.. Und dieses ist die ungeduldige Liebe, darin der von ihr Befallene nicht lange bestehen kann, ohne zu empfangen oder zu sterben.

Allein wie kann es sein, daß die Seele, die sich in diesen läuternden Finsternissen so elend, so unwert Gottes fühlt, mit so verwegener Kraft auf die Einigung mit Gott ausgeht? ... Da es die Eigenheit der Liebe ist, nach Einigung, Verschmelzung und Angleichung an das Geliebte zu streben, um sich in der Beglückung der Liebe zu vollenden, und da diese Seele sich noch nicht in Liebe vollendet hat und noch nicht die Einigung erlangte, da macht der Hunger und Durst nach dem Unerreichten, da machen die Kräfte, mit denen die Liebe ihren Willen bis zur Leidenschaft erfüllte, sie unerschrocken und wagemutig gemäß dem entflammten Willen, obwohl sie sich gemäß ihrer Erkenntniskraft in ihrem unerleuchteten Dunkel unwürdig und jämmerlich fühlt...

Die Finsternisse und die anderen Übel, die von der Seele beim Einbruch jenes göttlichen Lichtes empfunden werden, sind nicht Finsternisse und Übel des Lichtes, sondern der Seele selber; und das Licht fällt in sie ein, um diese sichtbar zu machen. Demnach wird sie wohl sogleich von diesem göttlichen Lichte erleuchtet; allein anfänglich gewahrt sie nur, was ihr am nächsten ist, oder richtiger, was in ihr ist, die eigenen Finsternisse und Erbärmlichkeiten, durch die Gnade Gottes.. Nachdem sie aber durch das Erkennen und Empfinden dieser Übel geklärt worden ist, hat sie Augen für das Heilsame dieses göttlichen Lichtes; und wenn erst alle Dunkelheiten und Unvollkommenheiten ausgestoßen und beseitigt sind, dann gehen der Seele die großen Förderungen und Werte auf, die sie in dieser glückseligen Nacht der Kontemplation gewinnt.

[26] *...entging ich ungesichtet,*
mein Haus in Stille lassend, tiefbeschwichtet.

Die sinnlichen und geistigen Triebe sind eingeschläfert und abgetötet, unfähig, sich an Göttlichem oder Menschlichem zu erfreuen; die Neigungen der Seele beklommen und niedergedrückt, unfähig, sich zu rühren oder irgendwo Halt zu finden; die Einbildungskraft gefesselt, unfähig zu gedeihlichen Betrachtungen; das Gedächtnis am Ende; die Erkenntniskraft verdunkelt, unfähig, etwas zu begreifen, und folglich auch die Willenskraft trocken und in die Enge getrieben, und alle Fähigkeiten leer und nutzlos; und zu alledem lastet eine dichte Wolke über der Seele, die sie peinigt und Gott entfremdet scheinen läßt..

O geistige Seele, wohlauf! Findest du deine Triebe verdunkelt, deine Neigungen ausgetrocknet und beengt und deine Kräfte unfähig zu irgendeiner inneren Übung, dann quäle dich nicht deswegen, nimm es vielmehr als glückliches Los: denn Gott ist dann am Werk, dich von dir selber zu befreien! Er nimmt dir die Aufgabe aus deinen Händen, die bei aller Eignung.. nicht so untadelig, vollkommen und zielsicher arbeiten würden, wie es jetzt geschieht. Denn Gott ergreift deine Hand, führt dich gleich einem Blinden durchs Dunkel, du weißt nicht, wo und wohin; und niemals würdest du mit eigenen Augen und Füßen bei aller Anspannung das Ziel arreichen..

Alles Geistige muß von oben kommen, mitgeteilt vom Vater der Lichter, jenseits von Menschenwillkür und Menschengier; und so eifrig auch der Mensch sein Verlangen und seine Kräfte auf Gott richtet, so wonnevoll er ihn zu verkosten glaubt, er verkostet ihn nicht auf göttliche und geisthafte Weise, sondern menschlich und naturhaft wie alle anderen Dinge. Denn das wahrhaft Köstliche geht nicht vom Menschen zu Gott, sondern von Gott zum Menschen..

Auch deshalb geht die Seele in jenen Finsternissen sicher, weil sie in Leiden gegangen ist. Der Weg des Leidens ist sicherer und fruchtbringender als der des Genießens und Tuns. Einmal gewinnt sie im Leiden Kräfte Gottes hinzu, während sie im Handeln und Genießen ihre Schwachheit und Unvollkommenheit betätigt. Zum andern gewinnt und stärkt sie im Leiden die Tugenden...

Ein weiterer und wesentlicherer Grund, warum die Seele im Dunkeln sicher geht, ist gegeben durch jene Einstrahlung oder dunkle Weisheit: die dunkle Nacht der Kontemplation nimmt sie derartig gefangen und bringt sie so nahe zu Gott, daß sie dadurch von allem, was nicht Gott ist, getrennt und befreit wird. Weil die Seele hier behandelt wird, um ihre Genesung zu erlangen, eben Gott selber, so verhängt die göttliche Majestät Diät über sie und Enthaltung ... Kein Lufthauch darf sie berühren, kein Licht sie reizen, kein Schritt oder anderes Geräusch sie stören, auch nicht innerhalb des Hauses, und die Speise ist leicht und knapp bemessen, mehr wohlernährend als wohlschmeckend.

[27] Da jene innere Weisheit so einfach, so allgemein und geistig ist, daß sie in das Bewußtsein nicht mit dem unechten Tand irgendeiner Besonderheit oder eines den Sinnen zugänglichen Bildes eindringt, so wissen Sinnlichkeit und Einbildungskraft nichts darüber auszusagen, nichts davon sich vorzustellen, obgleich die Seele ganz gewiß ist, daß sie hier diese köstliche und fremdartige Weisheit aufnimmt und genießt.. Wenn jemand etwas erschaut, dergleichen er niemals erblickte, so mag er es auffassen und genießen; allein er könnte es bei allem Bemühen nicht benennen, nicht kennzeichnen. Wenn er das bei sinnlich Wahrnehmbarem nicht vermag, wie denn soll er offenbaren, was nicht in die Sinne drang? Denn diese Eigenweise hat die Sprache Gottes: so tiefvertraut ist sie der Seele und so geisthaft über alles Sinnenhafte hinaus, daß sie alsbald das ganze harmonische Zusammenspiel der inneren und äußeren Sinne zum Erliegen und Verstummen bringt.. Die Unzulänglichkeit jeder derartigen äußeren Bekundung zeigte Jeremias (I, 6), da er nach den Worten, die Gott zu ihm sprach, nichts äußern konnte als a a a ..Die Weisheit dieser Kontemplation ist Sprache Gottes zur Seele, von reinem Geist zu reinem Geist. Und was weniger ist als Geist, wie es die Sinne sind, vernimmt sie nicht.

Daraus läßt sich entnehmen, warum einige gute und gottesfürchtige Seelen, die solchen Weg geführt werden, vergeblich versuchen, ihrem geistlichen Führer über solche Erfahrung Rechenschaft abzulegen. Daher ihr großes Widerstreben, darüber auszusagen, und das zumeist, wenn die Kontemplation so lauter ist, daß die Seele sie kaum gewahrt. Dann wissen sie nur zu sagen, daß sie zufrieden und ruhig oder erquickt sind, und daß sie Gott fühlen, und daß es gut mit ihnen zu stehen scheint. Aber fern sind sie davon, ihre Erfahrung wirklich auszudrücken, es sei denn in so allgemeinen Bezeichnungen. Ganz anders ist es, wenn die Seele etwas Besonderes erfährt, gleich Visionen, Empfindungen und anderes, die für gewöhnlich in einer gegenständlichen, die Sinne mitberührenden Weise empfangen werden; dann läßt sich mithilfe dieses Gegenständlichen oder mithilfe irgendeines Gleichnisses etwas aussagen. Bei der Kontemplation jedoch fehlt solche Fähigkeit zur Aussage; ist sie doch unaussagbar und darum geheim.

Und nicht nur deshalb wird sie geheim genannt, sondern auch weil sie, die mystische Weisheit, die Eigenschaft hat, die Seele in sich zu verbergen. Und über die gewohnte Erfahrung hinaus saugt und versenkt sie die Seele mitunter in einen geheimen Abgrund; und da begreift diese deutlich, daß sie von allen Geschöpfen grenzenlos entfernt und abgeschieden worden ist. Es scheint ihr, sie werde eingetaucht in eine tiefe und weithingedehnte Einsamkeit, unerreichbar für menschliche Geschöpfe, wie in eine ungeheure Wüste, die nach keiner Richtung eine Grenze duldet; umso wonnevoller, köstlicher und liebreicher, je tiefer, weiter und einsamer, wo sich die Seele so im Geheimen fühlt, wie sie sich über jedes zeitliche Geschöpf erhoben findet.

Und so sehr erhebt und verklärt dieser Abgrund der Weisheit die Seele, so tief taucht er sie in das pulsende Blut der Liebe und ihrer Wissenschaft, daß sie die niedrige Beschaffenheit des Geschöpflichen gewahrt im Vergleich zu diesem erhabensten göttlichen Wissen und Fühlen, und daß sie darüber hinaus zu gewahren beginnt, wie niedrig und kärglich und in gewisser Weise ungehörig alle Begriffe und Wörter sind, mit denen in diesem Leben göttliche Dinge behandelt werden. Sie erkennt die Unmöglichkeit, auf natürliche Weise, und wäre es mit erhabensten und weisesten Worten, sie so zu fassen und zu erfühlen, wie sie sind. Möglich ist solches Erfassen nur dank der Erleuchtung der mystischen Theologie.

[28] Solche Beschwichtigung und Ruhe der geistigen Behausung wird für die Seele innewohnend und vollkommen – soweit es unter den Bedingungen dieses Lebens möglich ist – mithilfe der wesenhaften Akte der Gotteinigung. Und solche Einigung ist der Seele geheim und verborgen vor den Störungen des Dämons, der Sinne und der Leidenschaften zuteilgeworden durch die Gottheit. Dabei ist die Seele geläutert, befriedet und gekräftigt worden und gefestigt genug, um solche Einigung dauerhaft empfangen zu können, solche göttliche Vermählung zwischen der Seele und Gottes Sohn. Sobald die beiden Häuser der Seele sich vollkommen beschwichtigt und gefestigt haben, samt ihrer ganzen Dienerschaft von Vermögen und Trieben,.. unverweilt vereinigt sich dann diese göttliche Weisheit mit der Seele, in einem neuen Bunde, mit der Aneignungskraft der Liebe.

[29] Diese Gesänge, gottliebende Mutter, scheinen mit einiger Liebesinbrunst geschrieben zu sein, mit Liebesinbrunst zu Gott, dessen Weisheit und Liebe grenzenlos sind..; und die Seele, die in gewisser Weise von ihm geformt und bewegt ist, entsendet ihr Künden mit ebensolcher Fülle und Gewalt. Nicht gedenke ich, die ganze Weite und Fülle zu erklären, die der fruchtbare Geist der Liebe in sie eingießt; vielmehr wäre es eine irrtümliche Annahme, daß Aussagen der Liebe und mystischen Einsicht, wie die der vorliegenden Strophen, durch irgendwelche Worte hinreichend erklärt werden könnten; denn der Geist des Herrn ..bringt für uns das, was wir nicht hinreichend begreifen, in unsagbarem Aushauchen vor, um es zu offenbaren.. Das ist der Grund, warum sie in Bildern, Gleichnissen und Umschreibungen etwas von ihren Gefühlen überströmen lassen und aus der Fülle des Geistes verborgenste Geheimnisse ergießen, die sie dann aufzuhellen versuchen. Wenn solche Gleichnisreden nicht mit der ursprünglichen Einfalt, im Geiste einsichtigger Liebe gelesen werden, erscheinen sie eher als Unsinnigkeiten denn als sinnvoll geordnete Rede. Das erweist sich in Salomons Hohemlied und in anderen Büchern der Heiligen Schrift, wo der Heilige Geist die Fülle seines Sinnes nicht in herkömmlichen und abgegriffenen Ausdrücken begreiflich machen kann und Geheimnisse in seltsamen Gleichnissen und Annäherungen ausspricht,.. Geheimnisse, deren innerster Gehalt nur zum geringsten Teil von den Erklärungen aufgedeckt wird.

[30] *AUS DEN VIERZIG STROPHEN DES GEISTLICHEN GESANGES*

BRAUT

Wohin, Geliebter, schwangst du?
Verlassen hab ich Seufzer nur gefunden.
Gleich einem Hirsch entsprangst du
und durftest mich verwunden;
ich drang dir nach, ich rief – du bliebst entschwunden.

Zeig dich, so nah verborgen –
ob auch dein Anblick, überschön, vernichte!
Der Liebe sieche Sorgen,
sie weichen vor dem Lichte,
vor deinem offenbarten Angesichte.

Du klarkristallene Quelle!
ach, daß dein Silberspiegel heller glisse
und formte – jetzt! in Schnelle! –
die Augen, die ich misse
und die mein Inneres hegt in schattigem Risse!

Laß sie nicht, Liebster, offen –
sonst flieg ich auf…

BRÄUTIGAM

O Taube, kehre wieder!
Der Hirsch, wie du getroffen,
wittert vom Hügel nieder
zum Fächeln deines Flugs und kühlt die Glieder.

BRAUT

Mein Geliebter, die Bergesriesen,
die nie berührten Täler, waldumschwollen,
die Inseln, nie gewiesen,
der Ströme tönend Rollen,
das Flüsterlied der Luft, der liebevollen!

Die Nacht, zur Ruh gekommen,
die Morgenröten, die ins Dunkel münden,
die Weisen, nie vernommen,
die Einsamkeit voll Künden,
des Abendmahls Erfrischen und Entzünden!

Nordostwind, eisiger, weiche!
Komm, Südwind – fach empor der Liebe Glosen;
durch meinen Garten streiche,
laß seine Düfte kosen –
und weiden wird der Liebste unter Rosen.

GATTE

Euch, Vögel, gaukelfrohe,
euch, Löwen – Hinden – Hirsche, lüstern jache,
Gewässer, Luft und Lohe,
Anhöhe, Abgrund, Blache,
euch, Schrecknisse der Nächte, immerwache,

beschwöre ich beim Klange
lieblicher Leier, beim Sirenenhalle:
laßt ab vom wilden Drange –
bleibt ferne unserm Walle,
daß meine Gattin sanft in Schlummer falle.

Unter den Apfelzweigen
dort wurdest du als Braut mit mir verbunden
und nahm ich dich zueigen;
dort durftest du gesunden,
wo deine Mutter Schande fand und Wunden.

GATTIN

O unser Brautbett blühend,
von Löwenhöhlen breschelos umdichtet,
vom Purpurhimmel glühend,
auf Frieden hochgerichtet,
von goldenen Schilden kronengleich umlichtet!

Smaragdner Blätter Glänzen
und Blüten, frisch vom Tau der Dämmerungen,
verflechten wir zu Kränzen –
viel Blüten, dir entsprungen,
von einem meiner Haare stark umschlungen.

Nicht wolle mich verachten,
stand ich auch einmal schwarz vor dir, zum Grauen.
Wohl kannst du mich betrachten;
ließ doch dein huldreich Schauen
holdselige Schönheit auf mich niedertauen.

GATTE

Schon mit dem Friedenslaube
zur Arche kam das Täubchen, schneeig helle;
schon ward die Turteltaube
und ihrer Brunst Geselle
vereinigt an dem grünen Saum der Quelle.

GATTIN

Laß kosen uns, Geselle,
laß eins im andern deine Schönheit finden;
laß uns zum Heim der Quelle,
zu Berg und Hügel schwinden –
bis in das Herz von grünen Irrgewinden.

Dort wirst du weisen können,
was ich erlechzte, dort in deinem Scheine;
und gleich wirst du vergönnen,
o Leben, du das meine,
gleich, was du vordem gönntest, dieses eine:

der wachen Luft Umfangen,
der Nachtigall frohlockendes Begehren,
des Hains einhellig Prangen
in Nacht, der heiter-hehren,
mit Flammen, die wie Balsam lind verzehren.

Die Seele, erfüllt von der Liebe Gottes, klagt in der ersten Strophe darüber, ..daß sie noch immer unter dem Fernesein des Geliebten leiden muß, weil er sie noch nicht vom sterblichen Leibe befreit und sich ihr noch nicht im ewigen Glanze schenkt. Und so sagt sie: «*Wohin, Geliebter, schwangst du?*» Und es ist, als sagte sie: «O Wort, mein Bräutigam, zeig mir den Ort, wo du verborgen bist.» Denn der Ort, wo der Sohn Gottes verborgen weilt, ist in dem Schoße des Vaters, in der göttlichen Wesenheit, die jedem sterblichen Blick entrückt und jedem menschlichen Begreifen verborgen ist. ..Denn wenn auch die Seele starke Mitteilungen oder Gefühle oder geistliche Eingebungen erfahren sollte, so darf sie doch nicht wähnen, daß sie mit solchen Wahrnehmungen Gott besäße oder ihn klar nach seiner Wesenheit gewahre. ..Und wenn all diese sinnfälligen und geistigen Eingebungen fehlten und sie in Trockenheit, Dunkel und Trostlosigkeit bliebe, so muß sie deshalb nicht wähnen, Gott fehle ihr auf diese Weise mehr als auf jene... Das Wort, ihren Bräutigam, an dem sich der Vater in unendlichem Glanze weidet, das blühende Lager, wo er mit unendlicher Liebeswonne in sich ruht, tiefverborgen jedem menschlichen Auge und jedem Geschöpf, solche Weide erfleht die bräutliche Seele, wenn sie sagt «Wohin, Geliebter, schwangst du?»

Und damit diese dürstende Seele am Ende ihren Bräutigam finde und in diesem Leben, soweit es sein kann, kraft Liebeseinigung mit ihm verschmelze und ihren Durst mildere mit dem Tropfen, den sie von seiner Fülle in diesem Leben verkosten kann, so wird es gut sein, daß wir ihrem Bestürmen des Bräutigams entsprechen und durch ihn mit der Antwort beginnen: Wir wollen ihr sein gewissestes Versteck zeigen, damit sie ihn dort aufs gewisseste finde, so vollkommen und so köstlich, wie es in diesem Leben nur sein kann. ..Hier ist zu beachten, daß Gottes Sohn, das Wort, zusammen mit dem Vater und dem Heiligen Geiste wesentlich und persönlich in dem innersten Sein der Seele verborgen ist. Darum muß die Seele, die ihn finden will, ihre Neigung und ihren Willen von allen Dingen lösen und mit stärkster Sammlung in sich selber eingehen.

«Wohin, Geliebter, schwangst du?» O herrlich schöne Seele, du schönste unter allen Geschöpfen – da du so inbrünstig den Aufenthalt deines Geliebten wissen möchtest, um ihn zu suchen und dich ihm zu einen, wohlan, nun wird es dir gesagt: Du selber bist sein Aufenthalt, das heimliche Gemach, wo er sich verbirgt! Wie wirst du darüber befriedigt frohlocken, daß der einzig Begehrte und Erhoffte dir so nahe weilt, daß er in dir ist, oder richtiger, daß du nicht ohne ihn verharren kannst..

Was verlangst du noch, o Seele, und was suchst du noch draußen? In deinem Inneren besitzest du deine Schätze, deine Wonnen, deine Erfüllung, deine Ersättigung und dein Reich, ihn, den du begehrst und suchst, den Geliebten.. Hier liebe ihn, hier begehre ihn, hier verehre ihn, und mach dich nicht auf, ihn draußen zu suchen; du würdest dich doch nur zerstreuen und ermüden.. Nur eines bedenke: Weilt er auch in dir, so weilt er doch verborgen. Allein schon dieses ist Großes: die Stätte des Verborgenen zu wissen, um ihn dort mit Sicherheit zu suchen..

Doch du beharrst: «Da in mir ist, den meine Seele liebt, warum finde, warum fühle ich ihn nicht?» Deshalb, weil er verborgen ist, und weil du dich nicht ebenso verbirgst, um ihn zu finden und zu fühlen. Denn wer etwas Verborgenes finden will, muß ebenso verborgen durch das Verbergende vordringen; und wenn er es gefunden hat, dann ist er ebenso verborgen wie dieses..

Wenn sich die Seele nur gleich Moses.. in der Felsenhöhle verbirgt, nämlich in der wahren Nachfolge ihres Bräutigams, des Gottessohnes und seines vollkommenen Lebens, dann wird sie kraft göttlichen Schutzes würdig werden, Gottes Rücken zu schauen, nämlich in diesem Leben schon zu solcher Vollkommenheit zu gelangen, daß sie durch verwandelnde Liebe eines wird mit ihrem Bräutigam, dem Gottessohne. Auf diese Weise mag sie sich so vereinigt mit ihm fühlen, so kundig seiner Mysterien, so eingeweiht, daß sie ihn in diesem Leben nicht besser erkennen könnte, und daß sie nicht ausrufen muß: «*Wohin, Geliebter, schwangst du?*»

Sehr wohl tust du daran, o Seele, ihn immer in der Verborgenheit zu suchen. Denn du verherrlichst Gott und näherst dich ihm aufs innigste, wenn du ihn für erhabener und tiefer hältst als alles, was du erfassen kannst.. So begnüge dich niemals mit dem, was du von Gott zu begreifen glaubst, sondern mit dem Unbegreiflichen.. Das heißt, ihn im Glauben suchen.

Und durftest mich verwunden!

Außer vielen verschiedenen Heimsuchungen, in denen Gott die Seele verwundet und zur Liebe emporreißt, pflegt er sich in gewissen verborgenen Liebesberührungen herabzulassen, wodurch die Seele wie von einem Flammenpfeile verletzt und durchbohrt wird, so daß sie von Liebesfeuer ganz ausgebrannt verbleibt. Und diese sind im eigentlichsten Sinne Liebeswunden.. So gewaltig lodert die Seele in Liebesfeuer auf, daß sie sich in dieser Flamme zu verzehren scheint; und sie schwingt sich in dieser Brunst über sich hinaus in eine vollkommene Erneuerung, zu einer neuen Weise des Seins, – vergleichbar dem Vogel Phönix. ..Unerträglich erscheint der Seele die Heftigkeit, mit der die Liebe gegen sie vorgeht; und das nicht, weil sie von ihr verwundet wurde – vielmehr achtet sie solche Wunden als Heil –, sondern weil die Liebe sie ihrer Liebespein überläßt und nicht machtvoller zuschlug und sie nicht vollends tötete, sie in einem Leben vollkommener Liebe mit sich ganz zu einen.. Solche Heimsuchungen sind ungleich anderen, in denen Gott die Seele erquickt und sättigt; denn gerade diese wirkt er mehr, um zu verwunden als um zu heilen. Sie sollen für ihn erschließen, das Verlangen mehren, und in der Folge den Schmerz und die Sehnsucht nach dem Anschauen Gottes. Diese geistigen Liebeswunden ..lassen die Seele aus sich heraus verzückt werden in Gott. Das gibt die Seele in folgendem Vers zu verstehen:

«*Ich drang dir nach, ich rief – du bliebst entschwunden...* «Dieses Nachdringen bezeichnet zwei Weisen, Gott zu verfolgen. Die eine ist ein Entweichen hinweg von allen Dingen, von ihnen abgestoßen und sie verschmähend. Die andere ist eine selbstvergessene Verzückung kraft Gottesliebe. Und nicht nur wird sie durch die Urgewalt solcher Liebe in Selbstverlorenheit aus sich verzückt; in ihrem Aufschrei nach Gott ist sie hinausgehoben – wie aus den Angeln – aus ihren natürlichen Weisen und Neigungen. Es ist, als ob sie sagte: «Mit dieser deiner Berührung, mit dieser Liebeswunde hobest du mich nicht nur über alle Dinge, sondern auch hoch über mich selber hinaus.» Denn wahrhaftig, selbst aus dem Fleische scheint er sie herauszureißen..

Zeig dich, so nah verborgen,
ob auch dein Anblick, überschön, vernichte!

..Auf drei Arten kann Gott in der Seele gegenwärtig sein: Die erste ist eine wesentliche; und solches Innewohnen besteht nicht nur bei den guten und heiligen Seelen, sondern auch bei den schlechten und sündigen und bei allen übrigen Geschöpfen. Denn mit diesem Innewesen gibt er ihnen Leben und Sein... Zum andern ist er gegenwärtig durch Gnade; in ihr verweilt Gott mit Wohlgefallen in der Seele. Und diese Gegenwart wird nicht allen zuteil, denn den Todsündern wird sie entzogen.. Die dritte Weise ist bedingt durch geistige Liebesneigung; denn Gott pflegt in vielen ihm ergebenen Seelen seine geistige Gegenwart auf mancherlei Weisen zu bekunden, zu ihrer Erquickung und hohen Wonne: allein auch diese geistigen Bezeugungen der Anwesenheit sind gleich den übrigen alle verhüllt; zeigt sich doch Gott in ihnen nicht, wie er ist, weil es die Bedingtheit dieses Lebens nicht erlaubt..

Zeig dich, so nah verborgen!

Wohl ist die Seele gewiß, daß Gott immer in ihr weilt, zum mindesten in der ersten Weise. Darum sagt sie nicht, er möge ihr seine Gegenwart gewähren, sondern er möge – anstatt auf natürliche oder geistige oder liebesförmige Weise verhüllt in ihr zu weilen – unverhüllt sich offenbaren, nach seiner göttlichen Natur und Schönheit. So wie er mit seinem gegenwärtigen Sein ihr das natürliche Sein verleiht, und wie er sie mit seiner gegenwärtigen Gnade vervollkommnet, so möge er sie auch mit seiner offenbarten Herrlichkeit verherrlichen. Weil aber diese Seele von inbrünstiger Gottesliebe ganz erfüllt ist, so erfleht sie von dem Geliebten vor allem die Unverhülltheit seiner liebreichen Gegenwart, seiner Gunst, die er ihr schon zu verkosten gab; und solche Erfahrung war so erhaben, daß die Seele das verborgene Innewohnen eines unbeschränkten Seins empfand, eines Seins, dessen göttliche Schönheit in halbdunkelm Hervorschimmern sich ihr mitteilte. Und das macht die Seele siech vor Verlangen nach dem, was sie in solcher Gegenwart als verborgen erfährt..

Ob auch dein Anblick, überschön, vernichte!

Wenn die Seele nur einen winzigen Ahnungsschimmer von Gottes Erhabenheit und Schönheit hätte, dann würde sie nicht – wie hier – nur einen einzigen Tod erlechzen, um ihn endlich für ewig zu sehen; sie würde vielmehr jubelnd tausend bitterste Todesnöte durchleiden, um diese Schönheit nur einen Augenblick zu sehen. Und nach solchem Anblick würde sie erneut gleiche Qualen erflehen, um ihn wiederum für einen Nu zu gewahren..

Der Seele, die liebt, kann der Tod nicht bitter sein; findet sie doch alle Wonnen und alle Lindheit der Liebe in ihm. An ihn zu denken, macht sie nicht traurig; erscheint ihr doch untrennbar von ihm die Freude. Er kann ihr nicht zur Last und Qual werden; ist er doch das Ende all ihrer Lasten und Qualen und der Anfang ihrer Beseligung. Freund ist er ihr und Brautführer..

Ob auch dein Anblick, überschön, vernichte!

Sie weiß es: im Augenblick, da sie Gott erschaute, würde sie verzückt in die Schönheit selber und aufgesogen in die Schönheit selber; und sie würde schön sein wie die lautere Schönheit, gesättigt und erfüllt wie die Schönheit selber.

Du klarkristallene Quelle

[31] Da die Seele die Einigung mit ihrem Bräutigam so leidenschaftlich begehrt und einsehen muß, daß sie bei keinem Geschöpfe ein Mittel, ein Heilmittel dafür findet, richtet sie ihre Worte an den Glauben als das Mittel, das ihr den Geliebten am lebendigsten erhellen kann; und in Wahrheit gibt es kein anderes, das zur wirklichen Einigung, zum geistlichen Verlöbnis mit Gott gelangen läßt. ..Und in ihrem brennenden Begehren sagt sie folgendes: «O Glaube meines Bräutigams Christus, wolltest du doch die Wahrheiten, die du in der Hülle dichten Dunkels in meine Seele gegeben hast, endlich in Klarheit offenbaren! Wolltest du doch deine verstreuten und dunklen Bezeugungen in einem einzigen Augenblick dartun und enthüllen!..

Die Augen, die ich misse,
und die mein Inneres hegt in schattigem Risse!

..Die Wahrheiten, die durch den Glauben der Seele gegeben werden, sind wie ein Entwurf; und wenn sie sich in klarer Schau bieten, dann werden sie in der Seele wie ein ausgeführtes, vollkommenes Gemälde sein..

Allein außer dieser Zeichnung des Glaubens gibt es eine andere, eine Zeichnung der Liebe in der Seele des Liebenden, von der Hand des Willens: in ihr ist die Gestalt des Geliebten abgebildet, und wenn die Liebeseinigung vollzogen ist, so innig und lebendig festgehalten, daß wirklich der Geliebte in dem Liebenden lebt und der Liebende in dem Geliebten.. Denn in der Einigung und Umwandlung der Liebe gibt jeder sich dem andern zueigen; ein jeder gibt sich auf und gibt sich hin und wechselt in den anderen hinüber.. Vollkommen wird das erst im göttlichen Leben im Himmel geschehen, bei allen, die würdig wurden, sich in Gott zu sehen: in Gott überformt, werden sie Gottes Leben leben und nicht ihr eigenes Leben; und doch ist es ihr eigenes Leben, denn Gottes Leben wird ihr eigenes Leben werden. Und dann können sie wirklich sagen: «Wir leben, und doch nicht wir; denn in uns lebt Gott.» Das kann schon in diesem Leben sein, wie beim heiligen Paulus, allein nicht in endgültiger Vollkommenheit, mag auch die Seele bis zu jener erhabenen Liebeseinigung, bis zur geistlichen Ehe gelangen, dem Höchsten, was sie in diesem Leben erreichen kann. Denn all dieses kann nur eine Zeichnung der Liebe genannt werden, verglichen mit jenem vollkommenen Ebenbilde, der Überformung in der Seligkeit.

BRAUT

Laß sie nicht, Liebster, offen –
sonst flieg ich auf..

BRÄUTIGAM

O Taube, kehre wieder!
Der Hirsch, wie du getroffen,
wittert vom Hügel nieder
zum Fächeln deines Flugs und kühlt die Glieder.

Bei den gewaltigen Wünschen inbrünstiger Liebe, wie die vorhergehenden Strophen sie von der Seele ausgesagt haben, pflegt der Geliebte seine Braut in keuscher, zarter Zuneigung heimzusuchen und mit großer Liebesgewalt. Denn entsprechend den voraufgegangenen Flammen und Anstürmen der Liebe in dieser Seele, sind auch die göttlichen Gnaden und Heimsuchungen gewaltig. Und weil die Seele so stürmisch nach den Augen des Geliebten verlangt hatte,.. enthüllt ihr der Geliebte einige Strahlen seiner Größe und Gottheit, wie sie begehrte: doch von solcher Hoheit und Wucht war diese Mitteilung, daß sie in ekstatischer Verzückung außer sich geriet, was anfänglich große Schädigung und Furcht verursacht..

Laß sie nicht, Liebster, offen!

Wir sagten es: gemäß ihrem großen Verlangen nach jenen göttlichen Augen, nach der Gottheit selber, empfing sie vom Geliebten innerlich eine solche Einprägung Gottes, daß sie nicht anders konnte, als ausrufen: «Laß sie nicht, Liebster, offen!» Denn so kläglich ist unsere Natur in diesem Leben: was für die Seele das Begehrteste und eigentliches Leben ist, das Empfangen und Erkennen ihres Geliebten, sie kann es, wenn es ihr wirklich gewährt wird, nicht in sich fassen, ohne daß es sie nahezu das Leben kostet. Und so muß sie rufen, wenn sie die Blicke empfängt, die sie mit unablässigem Verlangen auf tausend Wegen suchte: «*Laß sie nicht offen!*»

Denn mitunter ist die Qual dieser heimsuchenden Verzückungen so übergroß, daß es keine andere Qual gibt, die so die Knochen verrenkt und so die Natur entsetzt. Ja, wenn Gott in solcher Not nicht beistünde, dann würde das Leben verlöschen. Und der Grund dafür ist folgender: Dergleichen Gnaden können nicht recht im Fleische empfangen werden; denn der Geist ist fortgerissen, um sich mit dem nahenden göttlichen Geiste auszutauschen, und so muß er notwendig den Leib irgendwie zurücklassen. So kommt es, daß der Körper leiden muß und folglich auch – wegen der Vereinigung in einem Individuum – auch die Seele im Fleische..

..Was für ein Flug das ist, möge aus Folgendem besser verstanden werden: in dieser Heimsuchung des göttlichen Geistes wird die Geistseele mit heftigem Ungestüm in den Austausch mit dem Heiligen Geiste hineingerissen; sie läßt den Körper wie entseelt zurück und hört auf, in ihm zu fühlen und zu wirken, denn ihr Wirken ist in Gott.. Und dies ist die Ursache, warum der Körper bei diesen Flügen ohne Empfindungen verbleibt und es auch nicht fühlt, wenn ihm schärfster Schmerz zugefügt wird. Denn dieser Zustand ist nicht wie natürliche Ohnmacht oder Betäubtheit, bei denen die Betroffenen durch Schmerz wieder zu sich kommen. Und diesen Bewußtseinszustand bei derartigen Heimsuchungen haben solche, die noch nicht bis zur Vollkommenheit gelangt sind, sondern erst als Fortgeschrittene ansteigen. Denn jene, die den Gipfel erreichten, empfangen die göttlichen Mitteilungen nur noch in Frieden und in sanfter Liebe; und jene Ekstasen hören auf, die ein Verbindungsweg und eine Vorbereitung für solche Berührungen waren..

Was demnach hier die Seele vom «Fluge» sagt, muß aufgefaßt werden als ihr ekstatisches Entführtwerden zu Gott. Und unverweilt antwortet der Geliebte: «*O Taube, kehre wieder!*»

Mit Frohlocken verließ die Seele den Leib bei jenem geistigen Fluge; vermeinte sie doch, ihr Leben sei nun vollendet, und sie würde sich fortan auf ewig erquicken können an ihrem Gatten, dem unverhüllten. Allein der Bräutigam tut ihr Einhalt, mit den Worten: «*O Taube, kehre wieder!*» Es ist, als sage er: Taube, mit deinem hohen und leichten Aufschwung der Beschauung, mit deiner inbrünstigen Liebe und der unbeirrten Einfalt,.. kehr um von diesem erhabenen Fluge, womit du mich in Wahrheit gewinnen möchtest! Noch ist die Zeit so erhabenen Eindringens nicht gekommen. Begnüge dich mit jenem geringeren, das ich dir jetzt in deinem Überschwange gewähre.

Der Hirsch, wie du getroffen..

Der Bräutigam vergleicht sich mit dem Hirsch.. Es ist nämlich die Eigenart des Hirsches, Höhen zu ersteigen; ist er verwundet, so sucht er in schnellem Lauf Linderung in kühlem Gewässer; und hört er seine Gefährtin klagen und merkt er, daß sie verwundet wurde, dann eilt er zu ihr, um sie zu trösten und zu liebkosen. Und so der Bräutigam: er sieht die Braut verwundet durch Liebe zu ihm und eilt auf ihr Stöhnen herbei, verwundet auch er von Liebe zu ihr.. Es ist, als sagte er: «Kehre wieder, meine Braut, zu mir. Hat dich Liebe zu mir verwundet, sieh, ich eile wie ein Hirsch zu dir, auch verwundet durch deine Wunde; und gleich dem Hirsch spähe ich hinter der Höhe hervor.»

..wittert vom Hügel nieder

..Die Beschauung ist ein erhabener Ort, von dem aus Gott in diesem Leben sich mitzuteilen und zu weisen beginnt, allein nicht vollständig; und darum sagt er nicht, daß er vollständig hervortritt, sondern daß er über den Kamm hinunterspäht. Denn wie erhabene Schauungen auch der Seele von Gott dargeboten werden mögen, sie allesamt sind nur wie eine ferne, flüchtige Erscheinung.

zum Fächeln deines Flugs..

Als Flug kennzeichnet er hier die erwähnte ekstatische Schauung; und als fächelnde Luft kennzeichnet er jenen Geist der Liebe, der durch den Flug der Schauung in der Seele erregt wird. Und tiefbegründet ist solche Bezeichnung der ekstatischen Liebe als Luft. Wird doch auch der Heilige Geist, der Liebe ist, in der Schrift mit der Luft verglichen; er wird ja ausgehaucht vom Vater und vom Sohn. Und wie er hier Luft des Fluges ist, die von der schauenden Weisheit des Vaters und des Sohnes ausgehaucht wird, so wird auch diese Liebe der Seele von dem Bräutigam Luft genannt. Denn sie weht hervor aus dem Gewahrwerden Gottes, das der Seele zu dieser Zeit geboten wird..

..Und kühlt die Glieder.

..Und es ist, als sagte er: «Das glühende Fächeln deines Fluges facht mich an; denn eine Liebe entfacht die andere.» Hier sei beachtet: Gott senkt seine Gnade und Liebe nicht in die Seele, es sei denn nach dem Ausmaß des liebenden Willens in dieser Seele. So muß der gute Liebende sehen, daß er solcher Liebe nicht ermangele; bewirkt sie es doch – wenn ich es sagen darf–, daß Gott ihm mehr Liebe zuwendet und sich tiefer an seiner Seele erquickt.

[32] In solcher Zuflucht und Versenkung findet die Seele alles, was sie begehrte, und mehr, als sich sagen läßt. Und sie beginnt, dem Geliebten Lobpreisungen zuzujubeln..:

Mein Geliebter, die Bergesriesen –
die nie berührten Täler, waldumschwollen,
die Inseln, nie gewiesen..

In diesem eben geschilderten geist-seelischen Fluge kennzeichnet sich eine hohe Stufe und Einigung der Liebe, zu der Gott die Seele nach langer geistlicher Zucht erhebt – eine Liebeseinigung, das mystische Verlöbnis mit dem Worte, dem Sohne Gottes.. Und wenn das eintritt, teilt Gott der Seele Gewaltiges von sich mit und verschönt sie so mit Majestät und Erhabenheit; er schmückt sie mit Gaben und Tugenden und verleiht ihr Gotteseinsicht und Gotteslob, so wie eine Verlobte am Tage des Verlöbnisses gefeiert wird.. In den vorliegenden Kanzonen tut sie nichts anderes, als die Herrlichkeiten ihres Geliebten auszusagen und auszusingen, die sie auffassend in ihm genießt, kraft der Einigung im Verlöbnis. Und auch in den weiteren Kanzonen singt sie nicht mehr von Sehnsucht und Not, wie zuvor, sondern von tätigem

Austausch einer süßen und friedlichen Liebe zwischen ihr und dem Geliebten; denn in solchem Zustand verblassen die Nöte.

Es sei beachtet: diese zwei Kanzonen umfassen das, was Gott höchstenfalls einer Seele zu jener Zeit hinzuschenken pflegt. Und es darf nicht angenommen werden, daß alle, die zu solcher Höhe gelangen, deswegen alles empfangen, was in diesen beiden Kanzonen ausgebreitet wird oder es etwa auf die gleiche Weise des Erkennens und Erlebens erhalten.. Das eine wie das andere kann in diesem Stande des geistlichen Verlöbnisses ausgespendet werden; doch weise ich hier die größte Fülle, da in ihr alles einbegriffen ist..

Die Seele sieht und verkostet in dieser Gotteinigung die Üppigkeit unergründlicher Schätze; und sie findet die erlechzte Entlastung und Erquickung; und sie blickt hinein in unerforschte göttliche Geheimnisse..; und sie fühlt in Gott eine erschütternde Macht und Gewalt, die alle andere Kraft ohnmächtig macht; und sie verkostet in ihm überwältigende Sanftmut und Untrübbarkeit des Geistes..; und sie erquickt sich tief an der Weisheit Gottes, die in der Harmonie der Schöpfung und in seinen Taten hervorleuchtet..; und vor allem erfährt und genießt sie eine unschätzbare Stärkung der Liebe, die sie in der Liebe festigt. Und dieses ist der Kern der genannten Kanzonen.

In ihnen sagt die Braut: all dies ist der Geliebte in sich; all dies ist er für mich. Und er ist es für sie, weil sie bei den göttlichen Heimsuchungen in solchen Ekstasen innewird, was der Ausruf des heiligen Franziskus in Wahrheit besagt: «Mein Gott und alle Dinge!»...

Alles, was hier ausgesagt wird, findet sich in Gott aufs Erhabenste in unendlicher Weise. Oder, besser gesagt, eine jede dieser bekundeten Herrlichkeiten ist Gott, und sie alle zusammen sind Gott. Da sich die Seele in diesem Zustand mit Gott vereinigt, fühlt sie, daß alle Dinge Gott sind, wie der heilige Johannes es fühlte und aussprach: «Was geschaffen wurde, das war in ihm Leben.» Solches Erleben der Seele besagt nicht, daß sie die Dinge in klarem Licht oder die Kreaturen in Gott sieht, sondern daß sie in ihrer Gotterfülltheit fühlt, daß ihr alle Dinge Gott sind. Ebensowenig darf man bei unserer Ausdeutung so erhabener Gotterfahrung vermeinen, daß Gott von der Seele klar und wesensgemäß erschaut werde. Was er gewährt, ist eine machtvoll überströmende Mitteilung, ein Abglanz dessen, was er in sich ist; und darin erlebt die Seele jene Vollkommenheit der Dinge...

Mein Geliebter, die Bergesriesen –

Den Bergen eignet Höhe, Wucht, Weite und Schönheit; sie sind anmutig, blumenreich und würzig. Diese Gebirgswelt ist mein Geliebter für mich.

Die nie berührten Täler, waldumschwollen –

Die nie berührten Täler sind ruhig, lieblich, frisch, schattig, von süßen Gewässern erfüllt; und mit ihren abwechslungsreichen Hainen und ihrem zarten Vogelsang erquicken sie die Sinne aufs wonnigste; und ihre schweigende Einsamkeit entsendet Erfrischung und Entspannung. Solch Talgesenke ist mein Geliebter für mich.

Die Inseln, nie gewiesen –

Die fremdartigen Inseln sind mit dem Meer umgürtet und abgetrennt durch Meere und unberührt von Menschen. Und so keimen und wachsen dort Wesen, durchaus verschieden von jenen diesseits der Meere, Wesen ganz unvertrauter Art, voll unbekannter Kräfte..

Die Seele nennt hier Gott fremdartig, einmal, weil er die ganze Fremdartigkeit der nie gesehenen Inselwelt ist; zum anderen, weil seine Ratschlüsse und Werke sehr fremd, sehr überraschend und staunenswert für die Menschen sind.. Er ist es auch für die heiligen Engel und die Seelen, die ihn sehen, so sehr, daß sie niemals mit ihrer Schau zu Ende kommen..

Drei Eigenschaften haben die Ströme: die erste, daß sie auf ihrem Wege im Ansturm alles überschwemmen. Die zweite, daß sie alle Tiefen und Leeren, auf die sie treffen, ausfüllen. Die dritte, daß sie eine Klanggewalt besitzen, von der jeder andere Klang übertönt und getilgt wird. Und weil die Seele in der genannten Gotterfahrung jene drei Eigenschaften aufs köstlichste in ihm verspürt, deshalb sagt sie, daß ihr Geliebter «der Ströme tönend Rollen» ist..

Die Seele wird von der Sturzflut des göttlichen Geistes so wuchtig überschwemmt und so gewaltig von ihr ergriffen, daß sie sich von allen Strömen der Welt überflutet fühlt und daß all ihre früheren Handlungen und Leidenschaften ihr darin ertrunken scheinen. Aber dieses Erlebnis äußerster Gewalt ist dennoch fern von Pein; denn diese Ströme sind solche des Friedens.

Die zweite erfahrene Eigentümlichkeit ist diese: die göttliche Flut füllt nun die Tiefen ihrer Demut und ergießt sich in die Leere ihrer Triebe.. Die dritte Eigentümlichkeit, die von der Seele in diesen brausenden Strömen ihres Geliebten erfahren wird, ist das Tönen einer geistlichen Stimme.. einer Stimme, die alle anderen Stimmen entkräftet, ein Getön, das alles Getön der Welt überhallt.. Diese Stimme erscheint der Seele nicht nur wie Stromesbrausen, sondern sogar wie übergewaltiges Donnern. Jedoch diese Stimme ist geistig und zieht nicht die körperlichen Sinne in Mitleidenschaft. Sie bringt nicht Pein und Beschwerde.., vielmehr Größe und Kraft, Macht, Wonne und Seligkeit. Und so ist sie wie ein ungeheures inneres Anklingen und Ansprechen, das der Seele Macht und Stärke verleiht. Diese geistige Stimme, dies Tönen erklang in dem Geist der Apostel zur Zeit, als der Heilige Geist mit der Gewalt eines Wassersturzes.. sie überkam; und damit die geistige Stimme, die in ihrem Inneren laut wurde, vernommen würde, schwang der innere Klang im äußeren Raume gleich stürmender Luft, hörbar für alle in Jerusalem.. Diese Stimme hörte der heilige Johannes in der Apokalypse. Und er nennt die Stimme vom Himmel eine solche wie von vielen Gewässern und wie die Stimme eines gewaltigen Donners. Und damit man nicht glaube, diese Stimme sei in ihrer Übermacht peinigend hart, so fügt er hinzu, sie wäre holdselig wie der Klang vieler Saiten von Zithern..

Das Flüsterlied der Luft, der liebevollen –

..Wie die Luft durch ihr Berühren und ihr Säuseln oder Brausen wahrnehmbar wird, so wird bei dieser Heimsuchung des Bräutigams zweierlei wahrnehmbar, ein Gefühl der Beseligung und ein Innewerden. Und wie die Berührung der Luft im Tastsinn genossen wird und das Säuseln dieser Luft im Gehör, so wird das Berührtwerden von den Tugenden des Geliebten im Berührungspunkt der Seele empfunden und genossen, nämlich in ihrer Substanz, mittels des Willens; und das Innewerden der göttlichen Erhabenheiten vollzieht sich im Gehör der Seele, nämlich in der Erkenntniskraft... Solches Berührtwerden durch Gott tut der Substanz der Seele tiefstes Genüge und sättigt huldreich ihr Verlangen, in solcher Einigung aufzugehen; und so nennt sie das Geeintwerden oder Berührtwerden «liebevolle Luft». Denn – wir sagten es schon – liebreich und sanft wird sie von den Herrlichkeiten des Geliebten in ihrer Tiefe angerührt; und von dort entfließt in die Erkenntniskraft jenes «Säuseln», das Innewerden. Und es wird «Flüsterlied» genannt, weil es vergleichbar ist dem von der Luft erregten Säuseln, das sich dem Ohrgewinde anschmiegt; denn nicht anders schmiegt sich dieses hauchzarte Einvernehmen in das Heimlichste der Seelentiefe, mit wunderbarem Wohltun.

[33] *Die Nacht, zur Ruh gekommen –*

In solchem geistigen Schlummer, den die Seele an der Brust ihres Geliebten genießt, besitzt und verkostet sie alle

Gelassenheit und entspannte Ruhe der friedvollen Nacht; und gleichzeitig wird ihr in Gott ein abgründiges dunkles Wahrnehmen gewährt. Und so sagt sie, ihr Geliebter sei für sie «die Nacht, zur Ruh gekommen.»

die Morgenröten, die ins Dunkel münden –

..Wie die Morgendämmerung den dunklen Vorhang der Nacht lüftet und das Tageslicht aufschimmern läßt, so ist dieser in Gott gestillte und gelassene Geist aus der Finsternis des natürlichen Erkennens emporgehoben in das Frühlicht des übernatürlichen Gotterkennens.. Wie die Schwebe zwischen Nacht und Tag nicht gänzlich Nacht und nicht gänzlich Tag ist, sondern Zwielicht, so ist diese göttliche Einsamkeit und Gelassenheit weder mit völliger Klarheit von dem göttlichen Licht durchtränkt, noch ist sie gänzlich davon ausgeschlossen.

In solcher Gelassenheit findet sich die Erkenntniskraft über alles natürliche Begreifen in das göttliche Licht erhoben, in einen noch nie erfahrenen Zustand – vergleichbar einem, der nach langem Schlummer seine Augen dem unverhofften Licht öffnet.

Die Weise, nie vernommen –

In jenem besänftigenden Schweigen der Nacht und in jenem Innewerden des göttlichen Lichtes gelingt es der Seele, die Hinordnungen göttlicher Weisheit zu entdecken, die Übereinstimmung in den Unterschieden all seiner Geschöpfe und Werke. Denn sie alle zusammen und jedes einzelne haben ein Mitwesen mit Gott, kraft dessen ein jedes mit seiner Sonderstimme dartut, was in ihm Gott ist. Und so erklingt für die Seele eine unsäglich erhabene Harmonie, weit herrlicher als alle Melodien und Reigen der Welt. Und das nennt sie «die Weise, nie vernommen». Ist es doch ein stilles und gelassenes Aufnehmen, fern von dem Lärm der Stimmen. Und so erquickt diese Weise sie zugleich mit der

Lieblichkeit der Musik und mit der Ruhe des Schweigens. Und so sagt die Seele, daß ihr Geliebter diese verschwiegene Musik ist. Erfährt und genießt sie doch in ihm solche Harmonie geistförmiger Musik.

Die Einsamkeit voll Künden –

Und nicht nur dieses – er ist auch die «Einsamkeit voll Künden». Das ist fast das gleiche wie die «verschwiegene Musik». Denn ist solche Musik auch verschwiegen gegenüber den Sinnen und den natürlichen Vermögen, so ist sie doch für die geistigen Kräfte eine überaus klangvolle Einsamkeit. Denn da jene einsam und leer von allen natürlichen Formen und Wahrnehmung sind, vermögen sie in dem Geist sehr wohl den geistigen Klang aufzunehmen, dieses volltönend hinschwingende Lied von Gottes Herrlichkeit in sich und in seinen Geschöpfen.., vergleichbar den Zitherklängen von vielen Zitherspielern, die der heilige Johannes im Geiste als Offenbarung vernahm. Das geschah im Geist, nicht bedingt von stofflichen Zithern, sondern bestimmt von den Lobgesängen der Seligen, die ein jeder von ihnen auf seine Weise der Seligkeit Gott unablässig darbringt.. Da jeder seine von den anderen verschiedenen Gaben besitzt, so singt er seine Loblieder auf seine besondere Weise. Und alle zusammen singen in einer Übereinstimmung der Liebe, in der Harmonie der Musik. Eingemündet in jene friedvolle Weisheit, vermag die Seele in allen Geschöpfen, nicht nur in den höheren, sondern auch in den niedrigen, wohl zu vernehmen, wie ein jedes mit seiner Stimme vom Wesen Gottes zeugt, je nach dem, was es von ihm in sich empfangen hat..

Des Abendmahls Erfrischen und Entzünden –

Im Abendmahl finden die sich Liebenden Erfrischung, Sättigung und Liebe. Und weil die Seele all dieses in jener sanften Heimsuchung ihres Geliebten findet, so nennt sie ihn hier «*des Abendmahls Erfrischen und Entzünden*».. So wie das Abendmahl Abschluß der Tagesarbeit und Beginn der nächtlichen Entspannung bedeutet, so fühlt die Seele in jenem friedvollen Innewerden etwas wie ein Ende ihrer Übel und einen Besitz von Vollkommenheiten, wodurch sie mehr als zuvor für Gott entbrennt. Des Abendmahls Erfrischen ist er für sie, sofern er Ende ihrer Nöte ist; und liebeerweckend ist er, sofern sie in ihm alles Wertvolle besitzt.

[34] Wenn auch die Seele in den Heimsuchungen des Verlöbnisses all dies Herrliche genießt, so erduldet sie doch noch Gottferne und Verstörungen und Angriffe der unteren Kräfte und des Dämons, was alles im Stande der mystischen Ehe aufhört.

Da die Braut in ihren Tugenden nun schon vollkommen ist und deshalb zumeist die Heimsuchungen des Geliebten in Frieden genießt, so verkostet sie mitunter die Holdheit und den Duft solcher Tugenden auf das lebhafteste, kraft der Einwirkung des Geliebten auf sie – so wie die Lieblichkeit und Schönheit der Lilien und anderer Blumen genossen wird, wenn sie erblüht sind und berührt werden. Denn bei vielen dieser Heimsuchungen gewahrt die Seele in ihrem Geist all ihre von Gott herrührenden Tugenden, dank des Lichtes, das er in ihr entzündet. Und sie faßt dann alle zusammen, durchpulst von Liebesjubel, und bietet sie dem Geliebten dar, gleich einer Piniennuß aus schönen Blumen. Und wenn der Geliebte sie dann annimmt – und er nimmt sie wirklich an –, dann empfängt er zugleich eine große Dienstleistung. All dies geht im Inneren der Seele vor, darinnen sie den Geliebten anwesend fühlt wie in seiner eigenen Ruhestatt. Die Seele bietet sich dabei selber an, zugleich mit den Tugenden; und dieses ist der größte Dienst, den sie ihm leisten kann.. Und da der Dämon solches Auferblühen der Seele kennt und ihr in seiner großen Mißgunst all ihre Vollkommenheiten neidet, so bietet er zu dieser Zeit seine ganze Geschicklichkeit auf und läßt all seine Künste spielen, um der Seele zum mindesten in etwa diesen Schatz zu mindern. Denn er schätzt es mehr, den Reichtum und die verklärte Wonne gerade dieser Seele ein wenig zu beeinträchtigen, als andere in viele und schwerste Sünden fallen zu lassen. Denn diese anderen haben wenig oder nichts zu verlieren, sie aber viel.

..Die Weilen, wo der Geliebte fernebleibt, in dieser Zeit des mystischen Verlöbnisses, schmerzen die Seele tief und mitunter so heftig, daß kein Schmerz damit verglichen werden kann. Groß und stark, wie in dieser Brautzeit ihre Liebe zu Gott ist, wird auch die Qual seiner Abwesenheit. Hinzu kommt die große Belästigung, die ihr in dieser Zeit jeder Umgang mit Geschöpfen bereitet. Denn bei der Unablenkbarkeit ihres abgründigen Verlangens nach der Einigung mit Gott ist ihr alles, was sie aufhält, schwerste Belästigung. Es ist wie bei einem Stein, der mit ungestümer Schnelligkeit zur Tiefe strebt: ein Hindernis auf seinem Flug durchs Leere ließe ihn aufs Gewaltsamste aufprallen..

Nordostwind, eisiger, weiche!
Komm, Südwind – fach empor der Liebe Glosen!

..Der Nordostwind ist ein trockenes, kaltes Wehen, das Blüten und Pflanzen zum Welken bringt oder es doch bewirkt, daß sie sich vor seinem Blasen dicht in sich verschließen. Und weil die geistliche Trockenheit und das herb empfundene Fernsein des Geliebten der Seele das, was sie genossen hatte, den Saft, Wohlgeschmack und Duft ihrer Tugenden niederdrückt, so nennt sie es «*eisigen Nordostwind*».. Weil aber zu dieser Zeit Gottes Heimsuchungen sich in solcher Seelentiefe vollziehen, daß die Seele selber sie durch keine Anspannung ihrer Kräfte wiederbeleben und genießen kann, wenn nicht der Geist des Bräutigams sie mit seinem Liebeshauch belebt, so beschwört sie diesen Geist: «*Komm, Südwind!*» Der Südwind.. mit seinem milden Wehen bringt Regen, läßt Pflanzen sproßen, Blumen erblühen und Düfte entschweifen, im Gegensatz zum Nordostwind. Und so meint die Seele mit solchem Wehen den Heiligen Geist, der ihr alle Liebesregungen wieder erweckt..

Durch meinen Garten streiche,
laß seine Düfte kosen!

Der Seele scheint es in der Überschwänglichkeit dieser Düfte, sie sei mit Entzückung bekleidet und mit unschätzbarer Herrlichkeit übernetzt. Und das empfindet sie nicht nur in ihrem Innern. Vielmehr bricht dieser Glanz so stark nach außen hervor, daß die Aufgeschlossenen ihn zu bemerken pflegen. Und auf sie wirkt dann eine solche Seele wie ein wonniger Garten voll von Gottesfreuden und Gottesschätzen. Und nicht nur dann, wenn die Blumen aufgesprungen sind, ist solcher Reichtum in jenen heiligen Seelen wahrzunehmen. Denn es ist ihnen beständig eine unaussagbare Erhabenheit und Würde zueigen, die bei den anderen eine ehrende Zurückhaltung erweckt, kraft der übernatürlichen Wirkung, die von einem Vertrauten Gottes ausgeht..

In diesem Stande des mystischen Verlöbnisses sieht die Seele wohl ihre großen Schätze und Auszeichnungen, aber auch, daß sie dies alles nicht nach Verlangen besitzen und genießen kann, solange sie im Leibe verweilt.. Sie muß erkennen, daß sie dem Körper verhaftet ist; und es ergeht ihr dabei nicht anders als einem großen Herrn, der eingekerkert wurde: er sieht sich tausend Unwürdigkeiten ausgesetzt, seine Reiche sind ihm genommen, seine Schlösser und Schätze beschlagnahmt, und von seinem ganzen Besitz wird ihm nur eine spärliche Nahrung zugemessen.., und bei jeder Gelegenheit wenden sich seine Diener und Sklaven voll Mißachtung gegen ihn und wollen ihm selbst noch den Bissen von der Schüssel wegraffen..

In solcher Lage fühlt sich die Seele wie in Feindesland und unter der Tyrannei von Fremden und wie tot unter Toten.. Um jedoch zu einem so hohen Stande der Vollkommenheit zu gelangen, wie es die Seele hier erstrebt, bis zu der Höhe der mystischen Ehe, genügt es nicht, daß sie von jeder Unvollkommenheit, Empörung und fehlerhaften Gewohnheit des unteren Teiles geläutert sei, und daß sich der alte Mensch entblößt dem oberen Teile gänzlich unterworfen habe. Sie braucht zudem großen Starkmut und überaus erhabene Liebe, um Gottes so starkem und innigem Umfassen gewachsen zu sein. Denn in jenem Stande erlangt die Seele nicht nur überaus hohe Reinheit und Schönheit, sondern zugleich furchterregendem Starkmut.. Pforte muß sie sein, damit der Bräutigam eintreten könne, die Pforte des Willens muß sie ihm offenhalten; und bei dem Jawort der Verlobung, das sie schon vor der mystischen Ehe gegeben hat, bei diesem rückhaltlosen und wahrhaftigen Ja der Liebe muß sie beharren.

[35] GATTE

Euch, Vögel, gaukelfrohe..
euch, Schrecknisse der Nächte, immerwache..
beschwöre ich..

In diesen beiden Kanzonen erhebt der Gatte, der Sohn Gottes, die Seele zu seiner Gattin, in dauernden Frieden und in dauernde Gestilltheit, ferner in die Übereinstimmung des unteren Teiles mit dem oberen, sie von all ihren Unvollkommenheiten läuternd.. Er verwandelt die Seele mit kraftvoller Ganzheit in sich; und so verlieren ihre Triebe, Kräfte und Bewegungen ihre natürliche Unvollkommenheit, so werden sie vergöttlicht.

Euch, Vögel, gaukelfrohe –

Er bezeichnet als Vögel die Abschweifungen der Phantasie, die leicht und behend hierhin und dorthin fliegen. Wenn die Seele in Stille das holde Einströmen des Geliebten genießt, bereiten sie ihr mit ihren ungebundenen Flügen Unlust und Verdruß. Ihnen sagt der Gemahl, er beschwöre sie beim lieblichen Leierklange. Er sagt damit, die holde Beseligung der Seele sei nun so reich und überquillend, daß sie diese Beseligung doch nicht mehr, wie zuvor, zu stören vermöchten, und daß sie darum ihr unruhiges Geschwirr, ihren stürmischen Mutwillen lassen sollten.

Euch, Löwen, Hinden – Hirsche, lüstern jache –

Mit dem Beschwören der Löwen legt er den Ausbrüchen des Zornes Zügel an. Mit der Beschwörung der Hinden stärkt er den Erhaltungstrieb gegenüber scheuer Verzagtheit. Und mit der Beschwörung der sprunghaften Hirsche beschwichtigt und besänftigt er Wünsche und Gelüste, die zuvor unruhig umhertollten.. Und nicht beschwört hier der Gemahl den Zorn und die Begierde selber; denn diese Kräfte fehlen niemals in der Seele. Was er beschwört, sind die lästigen und ungeordneten Betätigungen dieser Kräfte..

Anhöhe, Abgrund, Blache –

Mit diesen drei Namen werden die fehlerhaften und maßlosen Betätigungen der drei Seelenvermögen bezeichnet, des Gedächtnisses, der Erkenntniskraft und des Willens. Und diese Betätigungen sind maßlos und fehlerhaft, wenn sie übermäßig hoch zielen, wenn sie übermäßig niedrig und unentschlossen sind oder wenn sie doch zu einem der beiden Extreme neigen..

Euch Schrecknisse der Nächte, immer wache –

..Mit den «immerwachen Schrecknissen» ist der Affekt der Furcht gemeint, die bei solchen Vergeistigten, die noch nicht bis zur mystischen Ehe gelangten, überaus groß sein kann. Diese wird bisweilen von Gott eingeflößt, zu Zeiten, da er irgendwelche Gnaden erweisen will.. bisweilen aber vom Dämon.. Zum mindesten versucht dieser, von außen in ihrem sinnenhaften Teil Zerstreuung, Veränderlichkeit, Beklemmung, Schmerz und Grauen zu erregen, um so am Ende die Gattin von ihrem bräutlichen Lager aufzuschrekken.. Solche Schrecknisse von der Seite Gottes oder der Seite des Dämons erleidet die Geistseele, jene der schon Vergeistigten. Von zeitlicher und natürlicher Furcht spreche ich nicht, da die Vergeistigten von ihr nicht befallen werden..

So beschwört denn der Geliebte die Auswirkungen der vier Leidenschaften [Schmerz, Hoffnung, Lust, Furcht] und beschwichtigt sie.. So wird die Erhabenheit und Gefestigtheit der Seele in diesem Stande so groß, daß sie nicht mehr überflutet wird von den Wassern des Schmerzes, sogar wenn es um das geht, was dem Vergeistigten am schmerzlichsten ist, eigene oder fremde Sünde. ..Wohl haben diese die Werke und die Vollkommenheit des Mitleidens. Denn jetzt fällt von der Seele ab, was noch Schwäche an ihren Tugenden war; und es bleibt von ihnen das Beständige, Starke und Vollkommene. So wie die Engel auf vollkommene Weise das Schmerzerregende abschätzen, frei von der Gereiztheit des Schmerzes, so wie sie Werke der Barmherzigkeit ausüben, ohne die Erregung des Mitleidens, so geschieht es der Seele in dieser Liebesverwandlung. Gleichwohl durchbricht Gott mitunter und zu gelegener Stunde solche Abgeklärtheit und läßt die Seele mitfühlen und mitleiden, damit sie mehr Verdienst gewinne und sich mehr in der Liebe entflamme, oder in anderer Absicht, wie er bei der Jungfrau Mutter und dem heiligen Paulus tat. Allein der Phase als solcher ist das nicht eigentümlich.

Von den Wünschen der Hoffnung wird die Seele ebensowenig betrübt. Denn sie ist schon in dieser Gotteinigung so befriedigt, wie es in diesem Leben nur möglich ist. Nichts Weltliches bleibt ihr zu erhoffen; und nichts Geistliches bleibt ihr zu wünschen. Denn sie fühlt sich überreich an Gottes Schätzen. ..Und ihr Verlangen, Gott zu schauen, ist frei von Qual.

Auch bei den Affekten der Lust, die in der Seele bald das Gefühl des Ermangelns, bald das des Überflusses erregten, ist es jetzt so, daß sie kein Abnehmen von ihnen verspürt und daß sie vor ihrer Überfülle nicht erstaunt. Denn so groß ist die Glückseligkeit, die sie beständig genießt, daß sie dem Meere gleicht und weder durch Hinzuströmen noch durch Abfließen ihren Stand ändert.

Doch weil ich gesagt habe, daß die Seele in solchem Zustand der Überformung nichts Neues mehr empfängt, so könnte es scheinen, als wären ihr die akzidentiellen Freuden genommen, die selbst bei den Seligen nicht fehlen. Solche Freuden und Entzückungen fehlen ihr aber nicht, ja, sie sind sogar sonder Zahl; und dennoch wird das substantielle Sichmitteilen von Geist zu Geist dadurch nicht vermehrt. Denn alles, was sie an Neuem empfangen könnte, das besitzt sie bereits. Und so ist das, was sie in sich besitzt, mehr als das, was ihr neu hinzukommt.. Sie hat darin in gewisser Weise die Eigenheit Gottes, der sich – bei aller Wonne an den Dingen – mehr in sich selber als an ihnen freut, da er in sich unendlichen Wert besitzt, über alle Dinge hinaus. Alle neuen Freuden und Köstlichkeiten dienen der Seele demnach mehr zur Erinnerung, damit sie an dem, was sie schon besitzt und in sich fühlt, innigere Freude hat. ..Es ist wunderbar: auch ohne erneute Freuden ist es der Seele, als ob sie immer neue empfänge und zugleich als ob sie sie schon in sich besäße. Sie genießt diese deshalb immer von neuem, weil sich ihr Heil immer erneuert; und so glaubt sie immer Neues zu empfangen, ohne solchen Empfangens zu bedürfen..

Die Erleuchtung voll Seligkeit, die Gott in dieser dauernden Umfassung der Seele mitunter gewährt, diese Art von geistigem Umgang mit ihr, wobei er sie sehen und genießen läßt, was er ihr eingesenkt hat, diesen Abgrund voll beglückender Schätze – darüber läßt sich nichts aussagen, was irgendetwas davon erklärte. Wie es geschieht, wenn die Sonne machtvoll in das Meer einfällt und seine tiefen Buchten und Höhlen durchleuchtet und Perlen und Adern von Gold und andern edlen Metallen aufschimmern läßt, so wendet sich Gott sonnenhaft zur Gattin und läßt die Reichtümer der Seele so hell erstrahlen, daß selbst die Engel darüber staunen..

Diese Vermählung ist unvergleichlich mehr als das mystische Verlöbnis. Ist sie doch eine vollkommene Umgestaltung in den Geliebten, wobei sich beide Teile zu einem wechselseitigen Zueigensein gänzlich hingeben, mit einem gewissen Vollzug der Liebeseinigung, darinnen die Seele göttlich gemacht wird und Gott durch Teilhaben, soweit es in diesem Leben möglich ist. Denn wie bei dem leiblichen Vollzug der Ehe zwei in einem Fleische sind.., so werden durch den Vollzug der mystischen Ehe zwischen Gott und Seele zwei Naturen zu einem Geist und einer Liebe.

[36] *Unter den Apfelzweigen..*
dort durftest du gesunden,
wo deine Mutter Schande fand und Wunden.

In diesem hohen Stande der mystischen Ehe entdeckt der Gemahl häufig der Seele mit großer Willfährigkeit seine wundersamen Geheimnisse, ihr, der treuen Gefährtin. Denn die wahre und beständige Liebe kann dem, den sie liebt, nichts verbergen. Er teilt ihr vor allem die gnadenreichen Geheimnisse seiner Menschwerdung mit und seine Wege zur Erlösung der Menschen.. Und wenn der Gatte auch viele andere Geheimnisse enthüllt, gedenkt er hier nur der Menschwerdung als des bedeutsamsten von allen..

«*Unter den Apfelzweigen*», das heißt, mit der Gnadenkraft des Kreuzesholzes geschah es, daß der Sohn Gottes die menschliche Natur erlöste und damit jede Seele sich anverlobte.. «*Dort wurdest du als Braut mit mir verbunden / dort nahm ich dich zueigen, / wo deine Mutter Schande fand und Wunden.*» Denn deine Mutter, die menschliche Natur, wurde von den ersten Eltern unter dem Baume geschändet; und wieder unter einem Baum, unter dem Kreuze, fandest du Genesung.. Und auf solche Weise zeigt ihr Gott, wie er das, was Übel erzeugte, hinordnet zu höchstem Heil.

O unser Brautbett blühend –

[37] Zutreffend nennt die Seele ihre Liebesverbindung mit Gott «unser Brautbett blühend..» Sie nennt das Brautbett «unser», weil nun die gleichen Vollkommenheiten beiden zueigen sind, und weil eine einzige Liebe, nämlich die Liebe, die vom Geliebten ausgeht, ihnen beiden zueigen ist, und eine einzige Wonne ihnen beiden.. Auch nennt sie es blühend, weil auf dieser Höhe schon die Tugenden der Seele vollkommen und heroisch sind..

von Löwenhöhlen breschelos umdichtet –

..Jede einzelne Tugend, die sie schon in Vollkommenheit besitzt, ist für sie wie eine Löwenhöhle, darinnen Christus, der Gemahl, hilfreich weilt, gleich einem starken Löwen, in dieser Tugend wie in jeder anderen ihrer Gesamtheit mit der Seele vereint. Und die Seele, mit ihm vereinigt in eben diesen Tugenden, ist selber löwenstark; denn hier empfängt sie die Eigenschaften Gottes. Und nunmehr ist die Seele so fest verstrebt und stark in jeder einzelnen der Tugenden und in allen zusammen, so zusammengebettet auf diesem blühenden Lager der Einigung mit ihrem Gott, daß die Dämonen nicht wagen, sie anzugreifen..

vom Purpurhimmel glühend –

Alle diese Tugenden, Reichtümer und Güter gedeihen und blühen aus ihm und nähren sich allein von der barmherzigen Liebe des Himmelskönigs.. und sie sind wie gebadet in Liebe; denn sie insgesamt und jede einzelne entfachen in der Seele immerwährend die Liebe zu Gott; und in allen Dingen und Werken bewegen sie sich voll Liebe zu größerer Gottesliebe. Solches bedeutet: vom Purpurhimmel glühend.

Jede einzelne Tugend ist in sich friedfertig, sanftmütig und stark; und so wirken sie in der Seele, der sie zueigen sind, Friede, Sanftmut und Stärke. Und weil es Blüten der Vollkommenheit sind, die sich zu diesem Lager verweben, sie alle friedlich, sanftmütig und stark, so ist es wohl auf Frieden gegründet..

Wenn auch die Seele erfüllt ist von vollkommenen Tugenden, so werden sie doch für die Seele nicht immer erquickendes Erlebnis; nur die von ihnen ausgehende Friedlichkeit und Stille genießt die Seele nahezu ununterbrochen. In diesem Leben sind sie in der Seele gleichwie treibende Blumen des Gartens in ihrer Knospenhülle. Und wunderbar ist es, wenn sie sich unter dem Anhauch des Heiligen Geistes allesamt öffnen und vielerlei zaubrischen Wohlgeruch aussenden. Dann mag es geschehen, daß die Seele in sich die Blumen der Berge gewahrt, die Überfülle, Erhabenheit und Schönheit Gottes, und verwoben mit ihnen die Maiblumen der waldreichen Täler, Entspannung, Erfrischung und Geborgenheit, und dazwischengeschmiegt die duftschweren Rosen der nie gewiesenen Inseln, jener fremdartigen Wahrnehmungen Gottes; und sich hineindrängend, gleich dem Duft des Jasmins, das Flüsterlied der Luft, der liebevollen, das die Seele auch in diesem Stande genießt – und dazu alle anderen Vollkommenheiten des gesättigten Innewerdens, und Weisen, nie vernommen, und Einsamkeit voll Künden, und das erfrischende, entzündende Abendmahl.

[38] *Smaragdner Blätter Glänzen*
und Blüten, frisch vom Tau der Dämmerungen,
verflechten wir zu Kränzen..

Alle Tugenden und Gaben, welche die Seele und Gott in ihr erwerben, gleichen einem Gewinde vielfarbener Blumen, mit dem sich die Seele wunderbar geschmückt und verschönt hat. Solche Kränze will sie flechten, das heißt, sie will sich umkränzen – wie mit Blüten und Smaragden – mit der Vielfalt vollkommener Tugenden und Gaben, um würdig mit solch köstlichem Schmuck vor dem Angesicht des Königs zu erscheinen und es zu verdienen, ihm angeglichen zu werden und an seiner Seite als Königin zu thronen.. Und sie sagt nicht, «ich werde die Kränze allein winden,» und ebensowenig, «Du allein wirst es tun», sondern: «Wir beide zusammen wollen sie winden». Denn die Seele kann die Tugenden nicht allein erringen, ohne Gottes Hilfe; noch wirkt Gott sie allein in der Seele, ohne sie..

Viel Blüten, dir entsprungen,
von einem meiner Haare stark umschlungen.

Dieses ihr Haar ist ihr Wille und ihre Neigung für den Geliebten. Und diese Liebe leistet das gleiche wie der Faden beim Kranz. Denn wie er die Blumen in dem Gewinde umschlingt und festhält, so umschlingt und hält die Liebe in der Seele die Tugenden. In dieser Liebe der Seele sind die Tugenden und übernatürlichen Gaben notwendigerweise derart ineinandergefügt, daß bei einer einzigen Verfehlung gegen Gott, bei einem Bruch alsbald alle Tugenden sich auflösen und der Seele entgleiten müßten – so wie bei einem Zerreißen des Fadens alle Blumen des Gewindes auseinanderfallen würden. Es genügt ja nicht, daß Gott uns liebt, um uns Tugenden einzugießen; auch wir müssen ihn lieben, um sie zu empfangen und zu bewahren..

Die Seele ist der Gegenstand solcher Verklärung. Sie ist nicht mehr, was sie war, sondern die vollkommenste Blüte, die aller Blüten Vollkommenheit und Schönheit in sich schließt. Denn mit solcher einigender Gewalt umschlingt dieser Liebesfaden Gott und die Seele, daß er sie wandelt und eines mit ihm in Liebe sein läßt. Zwar bleiben sie der Substanz nach verschieden; doch in der strahlenden Verklärung erscheint die Seele wie Gott und Gott wie die Seele.

..So innig war Jonathans Liebe zu David, daß Jonathans Seele mit Davids Seele verwuchs.. Um wieviel gewaltiger wird die Einschmelzkraft der Liebe sein, die von der Seele Gott, dem Gemahl entgegengebracht wird, und zumal von Gott, als dem eigentlichen Liebenden, der Seele! Mit der Allgewalt seiner abgründigen Liebe zieht er die Seele in sich hinein, mit größerer Wirkgewalt als der eines Flammenstromes, der einen schwebenden Tropfen Morgentau verschlingt..

Groß ist die Macht und das Ungestüm der Liebe, da sie Gott selber gefangennimmt und verwundet. Glückselig die Seele, die liebt! Wird doch Gott von ihr festgehalten, als ein Gefangener, der sich all ihrem Begehren fügt. Denn so ist er geartet: wird er aus Liebe und Nächstenliebe bestürmt, so tut er alles, worum er angegangen wird. Auf andere Weise aber läßt er sich nicht ansprechen und bewegen, und würde auch das Äußerste versucht...

Wollte ich sie begreiflich machen, diese Schönheit der innigen Verwobenheit von Blüten und Smaragden, von Tugenden, wollte ich etwas aussagen über die Wucht und Majestät, die der Seele durch dies ganze wohlgeordnete Gefüge verliehen wird, etwas über die vollendete Anmut, mit der diese Hülle der Mannigfaltigkeit sie schmückt – ich würde nicht Worte noch Begriffe finden, die es faßlich machten.. Und wenn der Dämon überaus stark ist, weil er gepanzert ist mit den fest übereinandergreifenden Schuppen seiner Bosheiten, – Bosheiten, die allesamt in Wahrheit nur Schwäche sind –.., wie groß muß dann die Stärke einer Seele sein, die ganz und gar mit machtvollen Tugenden gepanzert ist, mit so fest verketteten Gliedern, daß zwischen ihnen nichts Häßliches und Unvollkommenes sich eindrängen kann! Und jedes dieser Glieder bereichert mit seiner Kraft die Kraft der Seele und mit seiner Schönheit die Schönheit der Seele und mit seinem strahlenden Wert ihren Reichtum und mit seiner Majestät ihre adlige Erhabenheit.

[39] *Nicht wolle mich verachten..,*
ließ doch dein huldreich Schauen
holdselige Schönheit auf mich niedertauen.

..Gott wirkt in der Seele vier Heilstaten: er läutert sie, er macht sie holdselig durch seine Huld, er bereichert, er erleuchtet sie, so wie die Sonnenstrahlen austrocknen, durchglühen, verschönern und erhellen. Und nachdem Gott die letzten drei Vollkommenheiten in die Seele eingestrahlt hat, ist sie ihm ganz wohlgefällig geworden; und niemals mehr gedenkt er ihrer früheren Häßlichkeit und Sündhaftigkeit..

Nicht wolle mich verachten,
stand ich auch einmal schwarz vor dir..

Die Seele hat sich ermutigt und schätzt sich selber nach den kostbaren Liebesgaben, die sie vom Geliebten empfing. Kennt sie auch ihren geringen, unbeachtlichen Eigenwert, so weiß sie doch, daß sie um seiner Gaben willen Hochschätzung verdient. Und so wagt sie, den Geliebten zu bitten, er möge sie nicht geringschätzen und verachten, wie sie es zuvor durch die Häßlichkeit ihrer Schuld und die Niedrigkeit ihrer Natur verdiente. Da er sie schon durch seinen ersten Blick mit Huld geschmückt und mit Schönheit bekleidet habe, so könne er sie auch ein zweites Mal und weiterhin anschauen und Holdheit wie Schönheit derart ihr mehren. Denn wenn er sie angeschaut habe, als sie es nicht verdiente und nichts darzubieten hatte, so habe er jetzt Grund genug zu solchem Betrachten.

..Wenn er sie zuvor nur um seiner selbst willen liebte, bevor er ihr seine Huld zuwandte, so liebt er sie jetzt, wo sie in seiner Gnade strahlt, nicht nur um seiner selbst willen, sondern zugleich um ihretwillen. Angesichts ihrer Lieblichkeit, der Schönheit ihrer nie versiegenden Zuneigung und ihres steten Wirkens überschüttet er sie mit Liebe über Liebe und mit Gnade über Gnade. Und in dem Maße, wie er sie immer mehr ehrt und erhebt, wird er immer stärker von Liebe zu ihr gefangen.

[40] *Schon mit dem Friedenslaube*
zur Arche kam das Täubchen, schneeig helle –

..Diese Seele, die bei ihrer Erschaffung aus der Arche, aus Gottes Allgewalt hinausschwebte, sie irrte über der Sintflut der Vergehen und Unvollkommenheiten, ohne für ihr Verlangen eine Ruhestatt zu finden. Hin und her fliegt sie durch die Lüfte ihres Liebesdranges, hin zur Arche, der Brust ihres Schöpfers. Doch gelingt es ihr nicht in Wahrheit, ganz von ihm aufgenommen zu werden, nicht eher, als bis Gott all die Gewässer der Unvollkommenheiten von dem Erdreich der Seele weichen ließ. Dann aber ist sie mit dem Olivenzweig heimgekehrt, mit dem Zeichen des Sieges, den sie dank Gottes Milde und Barmherzigkeit über alles davontrug. Sie ist zu dieser beseligenden und vollendeten Aufnahme an die Brust des Geliebten gelangt, nicht nur als Siegerin über alle Widersacher, sondern auch mit der Krönung für ihre Verdienste; denn das eine wie das andere wird von dem Olivenzweig bezeichnet. Und so kehrt die Seele, diese zarte Taube, nicht nur weiß und rein in die Arche ihres Gottes zurück, so rein, wie sie bei ihrer Erschaffung daraus hervorging, sondern auch mit Mehrung, mit dem Zweig der Krönung und des Friedens, den sie kraft des Sieges über sich selber errang.

In Einsamkeit geleitet
sie einsam ihr Gefährte –

Das will sagen: nicht nur führt er sie in ihrer Einsamkeit, sondern mehr, er allein ist es, der in ihr wirkt, ohne irgendein anderes Mittel. Denn das ist die Eigenart dieser Einigung der Seele mit Gott in mystischer Ehe, daß Gott allein in ihr handelt, ganz allein sich unmittelbar mitteilt – nicht durch Engel, nicht durch natürliche Fähigkeiten. Denn äußere und innere Sinne und alle Kreaturen und auch die Seele selber können wenig beitragen, wenn Gott zu dieser Zeit seine großen übernatürlichen Gnaden in die Seele senkt. Sie haben nichts mit natürlichen Fähigkeiten und Tätigkeiten, nichts mit Anspannungen der Seele zu tun: er ganz allein wirkt sie in ihr.

Und er tut so, weil er sie einsam findet. Keinem Gefährten und keinem Helfer will er sie anvertrauen – nur sich allein. Und wie sollte es anders sein! Da die Seele alles gelassen, alle Mittel überschwungen hat in ihrem Sturme zu Gott, so muß wohl Gott selber der Führer sein und der Weg zu sich selber. In dieser Erhabenheit der Seele über alles, in dieser Einsamkeit von allem, kann ihr nichts von allem zu größerer Erhabenheit verhelfen als das ewige Wort, ihr Gemahl, der in seiner Liebe nichts anderes will als ganz allein ihr seine Huld erweisen.

[41] Seltsam ist diese Eigentümlichkeit von Liebenden, daß sie einander viel lieber in Einsamkeit, abseits von allen Geschöpfen genießen wollen als in einer Gesellschaft. Wenn irgendeine fremde Gesellschaft anwesend ist.., mag sie auch schweigen und niemanden behelligen, so genügt doch ihr bloßes Vorhandensein, damit die Liebe nicht ganz ausgekostet wird. Ist doch Liebe Einheit allein von zweien, und allein wollen sie sich unmittelbar mitteilen. Nun, da die Seele erhoben ist bis zum Gipfel der Vollkommenheit, bis zur Freiheit des Geistes in Gott, nun, da alle Widerstände und Empörungen der Sinnlichkeit überwunden sind, ist die Seele auf nichts anderes bedacht, als sich mit dem Gemahl der Seligkeit innigster Liebe hinzugeben..

GATTIN

Laß kosen uns, Geselle,
laß eins im andern deine Schönheit finden –

«Laß kosen uns», das bedeutet: im Austausch der Beseligungen unserer Liebe, nicht nur im Austausch der schon gewonnenen und bewährten Verbindung und Einigung von uns beiden, sondern darüber hinaus in dem überquellenden Austausch einer in Tat und Gefühl ergossenen Liebe.. Denn solches ist ja der eingewurzelten Liebe eigen: immer inbrünstiger will sie ihre Wonne und Lieblichkeit verkosten; und diese Wonne besteht in der inneren wie in der äußeren Ausübung der Liebe.. Und all solches tut sie, um sich dem Geliebten ähnlicher zu machen.. «*Laß eins im andern deine Schönheit finden!*» das bedeutet: laß uns so weit kommen, dank solcher Liebesbetätigung, daß wir uns in deiner Schönheit im ewigen Leben sehen. In solcher Weise laß mich in deine Schönheit verwandelt sein, daß wir uns beide – auch mich als Abbild deiner Schönheit – in deiner Schönheit schauen. ..Und so werde ich als du in deiner Schönheit erscheinen; und so mögest du als ich in deiner Schönheit erscheinen. Und meine Schönheit sei deine Schönheit, und deine Schönheit sei meine. Und so werde ich du sein in deiner Schönheit, und du wirst ich sein in deiner Schönheit..

bis in das Herz von grünen Irrgewinden.

Bis in das Dickicht deiner wundersamen Werke und tiefen Ratschlüsse! In ihrer unübersehbaren Zahl und Verschiedenheit mögen sie wohl ein Dickicht genannt werden; denn überwältigend ist ihre Weisheit und die Fülle ihrer Geheimnisse. ..Und so begehrt die Seele inbrünstig, in diese Ratschlüsse einzudringen und ihr verborgenes Herz zu erkennen. Und im Ausgleich dafür würde sie getrost und freudig durch alle Bedrängnisse und Mühsale der Welt hindurchdringen, selbst durch das Schwierigste und Peinvollste, wenn es nur zu solchem Ziele brächte – und durch die Peinen und Wehen des Todes, um sich tiefer in ihrem Gott zu finden.

Und darum kann auch unter dem Dickicht, in das die Seele einzudringen begehrt, sehr wohl die Wirrsal und die Fülle der Mühen und Prüfungen verstanden werden; ist doch das Leiden ihr köstlich und überaus förderlich. Denn das Leiden ist ihr das Hilfsmittel, um tiefer in das Dickicht der beseligenden göttlichen Weisheit einzudringen. Erwächst doch aus reinstem Leiden das reinste und innigste Begreifen und in der Folge das reinste und erhabenste Genießen. Entstammt es doch viel innerlicherem Wissen.

In solchem Verlangen gibt sich die Seele nicht mit irgendeiner Art von Leiden zufrieden. Bis in das Herz des göttlichen Dickichtes will sie dringen, bis zu den Drangsalen des Todes, um Gott zu sehen. . . Oh wenn doch endlich bis zum letzten eingesehen würde, daß die göttlichen Schätze mit ihrer mannigfaltigen Fülle und Weisheit nicht erreicht werden können, wenn die Seele nicht in das Dickicht vielfältigen Leidens eindringt und darin ihren Trost findet! Und daß die Seele, die in Wahrheit Gottes Weisheit begehrt, zuerst das Leiden verlangt, um in sie einzudringen, in das Dickicht des Kreuzes!

[42] *Gleich werden wir in hohe*
abgründige Felsenhöhlen uns versenken.

Wenn jemand von fernher kommend am Ziele angelangt ist, so ist sein erstes Beginnen, den Geliebten, um dessentwillen er kam, zu sehen und im Umgang zu genießen. Und so begehrt die Seele, wenn sie zur Schau Gottes gelangt ist, die tiefen Geheimnisse und Mysterien der Menschwerdung und die ehrwürdigen Wege Gottes, die von dort ausgehen, zu ergründen und zu genießen . .

Doch wie viele wunderbare Geheimnisse auch die heiligen Doktoren entdeckt haben, wie viele auch die heiligen Seelen auf dieser Lebenshöhe in sich aufgenommen haben, das meiste blieb doch von ihnen unausgesagt und unbegriffen. Und so locken in Christus immer neue Tiefen. Denn er ist ein überreicher Schacht mit vielen Buchtungen voll Schätzen. So tief auch die Seele sich in ihn einsenkt, sie findet kein Ende; vielmehr entdeckt sie in jedem Gang neue Adern von neuen Kostbarkeiten, bald hier, bald dort.. Allein, es wurde schon gesagt: die Seele kann nicht bis dahin vordringen, wenn sie nicht zuvor durch die Enge innern und äußern Leidens hindurchschritt zur göttlichen Weisheit. Denn selbst das, was in diesem Leben von den Mysterien Christi zugänglich ist, kann nicht erreicht werden ohne vorhergehende große Leiden, nicht ohne das Empfangen vieler geistiger und sinnenhafter göttlicher Gnaden, nicht ohne durchgreifende geistliche Zucht. Denn alle diese Gnaden sind niedriger als die Weisheit jener Mysterien Christi, da sie alle nur die Vorbereitungen für solche Weisheit sind..

Da Gott und die Seele in diesem Stande der mystischen Ehe ganz vereinigt sind, wirkt die Seele nichts mehr allein, nichts ohne Gott. Und wenn sie sagt, wir werden tiefer darin eindringen, so meint sie: wir werden inniger ineinander übergehen, ich in dich, kraft der Liebe zu Gottes heilvollen Ratschlüssen.., mit denen der Vater durch Jesus Christus und seine huldreichen Segnungen den Gerechten zuvorkam; in solchem Innewerden verwandelt sich die Seele aufs innigste und erhabenste in lauter Gottesliebe. Und in solcher Liebe dankt sie dem Vater mit erneutem Frohlocken für seinen Sohn Jesus Christus. Und sie tut es vereint mit Christus, zusammen mit Christus; und der Duft solcher Lobpreisung ist unsäglich zart.

[43] In diesen beiden vorhergehenden Kanzonen hat die Gattin die Heilsgüter besungen, die ihr mystischer Gemahl in der ewigen Seligkeit ihr geben wird: die wirkliche Umwandlung in die Schönheit seiner geschaffenen und ungeschaffenen Weisheit und ferner die Umwandlung in die Schönheit jener Vereinigung des Wortes mit der Menschheit, eine Umwandlung, darinnen sie ihn erkennen wird, vom Rücken wie von Angesicht..

Dort wirst du weisen können,
was ich erlechzte –

Was die Seele erlechzt, ist die Gleichheit ihrer Liebe mit Gottes Liebe, worauf ihr natürliches und ihr übernatürliches Sehnen unverwandt zielt. Denn der Liebende bleibt unbefriedigt, wenn er nicht fühlt, daß er ebenso gewaltig liebt, wie er geliebt wird.. Und wenn auch die Seele in diesem ihrem erhabenen Stande eine wirkliche Einigung des Willens erlangte, so konnte sie doch nicht jene vollkommene Liebeskraft erreichen, die ihr in der machtvollen Einigung der Seligkeit beschieden sein wird. Denn wie die Seele dann – nach einem Worte des heiligen Paulus – «erkennen wird, gleichwie sie von Gott erkannt ist», so wird sie ihn dann auch lieben, gleichwie sie von ihm geliebt wird. Denn wie ihre Erkenntniskraft dann göttliche Erkenntniskraft sein wird, so wird ihr Wille auch Wille Gottes sein und so ihre Liebe auch Liebe Gottes.. Dort liebt die Seele Gott mit seinem eigenen gewaltigen Willen, vereinigt mit der Liebesgewalt, mit der sie von Gott geliebt wird. Solche Gewalt ist im Heiligen Geiste, in den die Seele dort eingegangen ist. Er wird dort der Seele verliehen und durch ihn die Gewalt der Liebe; und er selber ergänzt in ihr, was ihr zur Umwandlung der ewigen Seligkeit noch fehlt. Jedoch schon in der vollkommenen Umwandlung der mystischen Ehe in diesem Leben, in dieser gnadenvollen Verklärung liebt die Seele unmittelbar durch den Heiligen Geist.

[44] Wohl ist es der Seele in ihrer mystischen Ehe nicht vorenthalten, etwas von dem Jenseitigen zu erfahren; denn durch jene Umwandlung in Gott wird sie von dem ewigen Leben schon angerührt. Dennoch will sie es nicht lassen, etwas von dem Jenseitigen zu sagen, dessen Spuren und Liebespfänder sie schon in sich erfühlt..

Der wachen Luft Umfangen –

Der wachen Luft Umfangen ist eine Fähigkeit, die sich die Seele drüben von Gott erhofft, eine Hingabe des Heiligen

Geistes. Dieser umfängt die Seele mit seinem göttlichen Anhauch auf überaus erhabene Weise. Er formt und befähigt sie dafür, Gott mit dem gleichen Liebeshauch zu umfangen, womit der Vater den Sohn und der Sohn den Vater umfängt, mit jenem Liebeswehen, das der Heilige Geist selber ist. Er sendet ihr seinen Hauch in Einheit mit dem Vater und dem Sohn, um sie durch Überformung mit sich zu vereinigen. Denn das wäre keine wahre und gänzliche Überformung, wenn die Seele nicht in unverschleierter und offenbarer Weise überformt würde in die drei Personen der Heiligsten Dreifaltigkeit...

Bei der Überformung die der Seele in diesem Leben zuteil wird, ereignet sich sehr häufig das gleiche Liebeshauchen von Gott zur Seele und von der Seele zu Gott, mit erhabenster Liebesentzündung in der Seele, wenn auch nicht in so offenbarer Weise wie im anderen Leben. Und es darf nicht für unmöglich erachtet werden, daß die Seele so Hohes erlangt und so in Gott pulst, in der Weise des Teilnehmens, wie Gott in ihr. Und wenn es geschieht, daß Gott in seiner Huld sie in die Heiligste Dreifaltigkeit einbezieht, darin die Seele gottförmig wird und Gott durch Teilhaben, wie wäre es dann unglaublich, daß auch sie ihr Werk des Begreifens, Einprägens und Liebens wirkt, oder richtiger, daß es in der Heiligsten Dreifaltigkeit mit ihr zusammen gewirkt wird, in der Weise der Heiligsten Dreifaltigkeit?.. Dieses heißt, in die drei Personen verwandelt sein, nach Macht und Weisheit und Liebe. Und darin ist die Seele Gott angeglichen; und damit sie solches erlange, schuf er sie nach seinem Bild und Gleichnis. Und wie dies möglich sei, das kann kein Verstand und keine Sprachgewalt klären, sondern nur die Erwägung, wie der Sohn Gottes uns so Hohes verlieh, die erhabene Möglichkeit, Kinder Gottes zu sein.. Und solches erbat er vom Vater: «Vater, ich bitte dich: sie, die du mir gegeben hast, mögen mit mir sein, wo ich bin, auf daß sie mich in der Verklärung sehen, die du mir gabest.» Und er sagt damit: Gewähre ihnen, in uns das gleiche durch Teilnehmen zu wirken, was ich aus meiner Wesenheit wirke: den Heiligen Geist auszuhauchen.

...«Gewaltige und köstliche Verheißungen gab er uns, auf daß wir durch sie zu Gefährten der göttlichen Natur gemacht würden» (2. Petr. I,2). In diesen Worten gibt der heilige Petrus klar zu verstehen, daß die Seele an Gott selber teilnehmen wird, der Heiligsten Dreifaltigkeit zugesellt und ihre Werke mitwirkend, kraft der substantiellen Vereinigung zwischen der Seele und Gott...

O Seelen, für solche Verklärung geschaffen und zu ihr berufen, was beginnt ihr! Womit vertut ihr die Zeit! Euer Trachten ist Niedrigkeit, eure Schätze sind Scherben! O jämmerliche Blindheit eurer Seelenaugen, die solches Licht nicht gewahren! Daß ihr für so übergewaltige Stimmen taub seid! Oh daß ihr nicht einseht, wie ihr mit allem Hasten nach Größe und Glanz doch elend und niedrig bleibt, unkundig und unwürdig so unsäglichen Heiles!

der Nachtigall frohlockendes Begehren –

Was in der Seele ersteht bei dem umfangenden Anhauch, das ist die holde Stimme des Geliebten, für sie ertönend; und dieses Klingen ist zugleich ihre eigene Stimme, mit der sie ihm erquickend zujubelt; und diesen einhelligen Klang nennt sie Gesang der Nachtigall. Und wie der Sang der Nachtigall im Frühling ertönt, nach dem Vergehen von Kälte, Regengüssen und Winterstürmen, und in das Ohr Melodien ergießt und Erfrischung in den Geist, so fühlt sich die mystische Gattin schon in diesem Leben geborgen und frei von allen Erschütterungen und zeitlichen Wechselfällen, entblößt und gereinigt von allen Unvollkommenheiten, Mühsalen und Nebeln der Sinne wie des Geistes; und sie empfindet neuen Frühling in Weite, Freiheit und Frohsinn des Geistes. Und darinnen vernimmt sie die holde Stimme ihres Gatten, die sie im Innersten erneuert und erlabt.. Und auch sie, die süße Nachtigall, stimmt den neuen Jubelgesang an, empor zu Gott, zusammen mit Gott, der sie dazu hinreißt. Denn darum gibt er ihr seine Stimme, damit sie einhellig mit ihm vereint sie zu Gott sende. Das ist ja sein inniges Verlangen, daß die Seele ihre geistliche Stimme im Frohlocken zu Gott auftönen lasse..

Doch weil dies Singen noch nicht so vollkommen ist wie das neue Lied im seligen Leben.., und weil die Seele dank der Erhabenheit ihres Singens den weitaus herrlicheren Gesang der Seligkeit vorausvernimmt, so spricht sie vom Jenseitigen, das er ihr geben wird, von diesem Sang der holden Nachtigall..

des Hains einhellig Prangen –

Dies nennt die Seele als dritte Gabe, die sie von dem Gatten erwartet. Unter dem Hain, der in sich viele Pflanzen und Tiere hegt, versteht sie hier Gott, als Schöpfer und Erhalter all seiner Geschöpfe..; als Schöpfer all dieser Wesen möge er sich ihr offenbaren. Und wenn die Gattin weiterhin die harmonische Bewegtheit dieses Haines vom Gatten erbittet, so erfleht sie damit die gottentstammte Anmut und Weisheit und Schönheit nicht allein der einzelnen Geschöpfe im Himmel und auf Erden, sondern auch ihrer Beziehung zueinander, in dem weisheitsvollen, schön gefügten, groß gearteten und freundschaftlichen Zusammenhang der einen mit den anderen, der niedrigeren unter sich, wie der höheren unter sich, wie auch von den höheren zu den tieferen – ein Zusammenhang, dessen Erkenntnis die Seele freudig mitschwingen läßt.

in Nacht, der heiter-hehren –

..In nächtiger Kontemplation, kraft der «passiven» Vernunft begreift die Seele in diesem Leben – mit Hilfe der schon gewonnenen Überformung – diesen göttlichen Hain und seine Anmut. Doch so hehr diese Einsicht sei, im Vergleich zu der Einsicht in der Seligkeit, die hier erbeten wird, ist sie immer noch dunkle Nacht. Und darum bedeutet ihr

Erflehen einer klaren Kontemplation, daß solches Genießen des Haines und seiner Anmut sich schon in der aufgehellten Nacht vollende, nämlich in der klaren und beseligenden Anschauung, derart, daß die diesseitige Nacht der dunklen Kontemplation ganz übergehe in die jenseitige Kontemplation eines klaren und heiteren Gewahrbleibens Gottes.

mit Flammen, die wie Balsam lind verzehren!

Die Flamme bedeutet hier die Liebe des Heiligen Geistes.. Es begibt sich in der Seele, die in diesem Leben zur Vollkommenheit der Liebe überformt worden ist, daß sie bei aller Gottgemäßheit doch noch eine Art von Schmerz und Beeinträchtigung erleidet: das eine wegen der Umwandlung in der Seligkeit, die von der Seele immer vermißt wird; das andere, weil die schwache und vergängliche Sinnlichkeit beeinträchtigt wird durch den Starkmut und die Erhabenheit so gewaltiger Liebe. Denn alles Hervorragende ist für die Schwachheit der Natur Beeinträchtigung und Pein..

Allein in jenem beseligenden Leben wird die Seele keinerlei Beeinträchtigung und Qual empfinden, obgleich ihr Erkennen dort abgründig tief sein wird und ihre Liebe schrankenlos. Denn Gott wird jenes beschwingen und dieser Starkmut verleihen, ihre Erkenntniskraft mit seiner Weisheit vollendend und ihren Willen mit seiner Liebe.

III. LEBENDIGE LIEBESFLAMME

VORWORT

[45] Einiges Widerstreben habe ich gefühlt,.. diese vier Kanzonen zu erläutern; umfassen sie doch so Innerliches und Geistiges, daß die Sprache gemeinhin dem gegenüber versagt. Denn das Geistige entrückt sich dem Sinnenhaften; und nur mühsam wird etwas von dem Kern des Geistes ausgesagt, es sei denn aus inbrünstigem Geiste.

Und weil solche Gottesglut mich nicht hinreichend erfüllte, habe ich die Deutung hinausgeschoben, bis zu dieser Stunde, wo der Herr mir ein wenig den Sinn entdeckt und einige Glut eingegeben hat.. Nun, da ich verständlich gemacht habe, daß alles hierüber Ausgesagte hinter dem wirklich Gegebenen so weit zurückbleibt, wie eine Malerei hinter dem lebendigen Urbild, werde ich nach meinem Wissen zu bekunden wagen..

Und es ist nicht zu verwundern, daß Gott so erhabene und außergewöhnliche Gnaden den Seelen erweist, die er huldvoll an sich zieht. Behält man es gegenwärtig, daß er Gott ist und daß er sie wie Gott verleiht, so erscheint es nicht unerklärlich. Er sagte ja: Vater, Sohn und Heiliger Geist würden zu dem kommen, der ihn liebt, und würden Wohnung in ihm nehmen (Joh. IV, 23). Und das verwirklicht sich dadurch, daß der Liebende im Vater und im Sohne und im Heiligen Geiste lebt und verweilt, in einem vergöttlichten Leben. Und solches ist es, was die Seele in diesen Kanzonen dartut.

Wenn auch in den zuvor gedeuteten Kanzonen von dem höchsten Grade der Vollkommenheit gesprochen wurde, die in diesem Leben erreichbar ist, von der Umwandlung in Gott, so handeln dennoch diese Kanzonen von einer Liebe, die innerhalb des gleichen Zustandes der Gottförmigkeit schon bewährter und vollendeter ist.

Wohl ist es wahr: der Zustand als solcher kann nicht mehr mit einem höheren hier vertauscht werden. Doch innerhalb seiner Grenzen kann sich der Liebende mit der Zeit noch mehr bewähren und wesentlicher in der Liebe sein und wirken. Nicht anders ist es, wenn Holz vom Feuer ergriffen und untrennbar in seine Glut verwandelt wird: wenn das Feuer glühender wird und länger aus ihm lodert, dann wird es selber immer stärker flammen, in höherer Weißglut, bis es in Funken und Flammenzungen hoch emporschlägt. Und in so hoher Entflammtheit spricht die Seele hier, schon so bewährt und innerlich schon so umgewandelt zu weißglühendem Liebesfeuer, daß sie nicht nur mit ihm vereinigt ist, sondern daß sie schon in ihm mit lebendigen Flammen emporlodert..

[46] *O regste Liebesflamme,*
die zärtlich mich verwundet
bis in der Seele Kern und tiefstes Leben!
Gesänftigte, du hohe –
tilg, daß mein Herz gesundet,
dem süßen Treffen tilg die Trennungsweben!

O Flamme, mild umleckend!
O Wunde, lind zu dulden!
O holde Hand! O liebliches Durchdringen,
nach ewigem Leben schmeckend,
vergütend alle Schulden!
Todbringend willst du höchstes Leben bringen.

O Leuchten voll von Brünsten,
dank deren Widerscheine
des Sinns abgründige Höhlen ohne Enden –
nicht länger blind von Dünsten –
in fremder Himmelsreine
dem Liebsten beides, Licht und Wärme, spenden!

Wie liebreich und verstohlen
erwachst du in Gehegen,
tief im Gemüt mir, wo du sieghaft gründest:
mit würzigem Atemholen
voll sonnenholdem Segen
wie unberührbar zart du mich entzündest!

Nun, da sich die Seele schon ganz in der Gotteinigung entflammt fühlt, nun, da sie nach Herzverlangen von Seligkeit und Liebe überspült ist und aus der tiefsten Brunnenstube ihres Wesens ganze Ströme der Herrlichkeit hervorbrechen.., will es ihr angesichts der Gewalt ihrer Umwandlung in Gott, angesichts seiner erhabenen Aneignung ihres Seins, angesichts des überreichen Schmuckes ihrer Gaben und Tugenden scheinen, daß sie schon ganz nahe der ewigen Seligkeit ist, so nahe, daß nur noch ein leichtes und zartes Gewebe sie von jenem Leben trennt. Und da sie es erfährt, wie die zarte Liebesglut in ihr bei jedem lebhafteren Aufflammen sie schon mit milder und starker Verklärung zu verklären scheint, so vermeint sie bei jedem erneuten, umfangenden Flammenstoß, nun würde er ihr Verklärung und ewiges Leben gewähren, nun würde er das Gewebe des sterblichen Lebens zerreißen – dieses dünne Gewebe, das bei aller Durchsichtigkeit doch noch die wesenhafte Verklärung verhindert. Und so beschwört sie die Flamme, den Heiligen Geist, er möge endlich das sterbliche Leben zerreißen und sie freimachen für die holde Begegnung, darin er ihr endlich in Wahrheit hinschenkt, was er bei jedem Treffen darzubieten scheint: die Ganzheit und Vollkommenheit ihrer Verklärung.

Und so sagt sie:

O regste Liebesflamme,

Damit die Seele die Inbrunst, mit der sie in diesen vier Kanzonen spricht, aufs unmittelbarste herausstellt, bringt sie in allen die Ausrufe «O!» und «Wie!», die ein liebevolles Beteuern hinaushauchen, und die bei jedem Aufklingen mehr vom Inneren offenbaren, als Worte es vermöchten..

Diese Liebesflamme ist der Geist ihres mystischen Gatten, das ist der Heilige Geist, den die Seele nunmehr in sich erfühlt, und zwar nicht nur als ein Feuer, das sie in sanfter Liebe aufzehrt und umgestaltet, sondern darüber hinaus als eine Glut, die in ihr brünstig emporlodert. Und jedes solche Hochflammen badet die Seele in seliger Verklärung und erquickt sie mit der Labsal des ewigen Lebens.. Und diese Liebesakte der Seele sind überaus kostbar; ein einziger von ihnen ist verdienstvoller und bedeutsamer als alle früheren aus ihrem ganzen Leben vor dieser Umwandlung. ..Es besteht aber der Unterschied, der zwischen Habitus und Akt besteht, auch zwischen der Liebesumwandlung und der Liebesflamme – entsprechend dem Unterschied zwischen dem entzündeten Holz und der von diesem Feuer bewirkten hochschlagenden Flamme..

Es kann die Seele in solcher Umgestaltung nicht von sich aus handeln; der Heilige Geist wirkt in ihr und bewegt sie zu ihren Handlungen. ..Darum scheint es der Seele bei jedem Emporlodern dieser Flamme, durch die sie auf göttliche Art mit göttlichem Auskosten liebt, daß sie ihr jetzt das ewige Leben verleiht, da sie von ihr erhoben wird, zu Handlungen Gottes in Gott..

Und wenn einigen die Sprache Gottes im Innern mißfällt, dann dürfen sie nicht wähnen, daß sie anderen nicht so wohlgefällt, wie es hier dargetan wird. So nahm der heilige Petrus sie freudig auf, als er sagte: «Herr, wohin sollen wir gehen? Du hast Worte des ewigen Lebens!..» Und so erhaben ist die Beseligung, die jenes Hochlodern des Heiligen Geistes in der Seele auslöst, daß sie im Vorgeschmack des ewigen Lebens diese Liebeslohe «lebendig» nennt, nicht wegen ihres Seins, das immer lebendig ist, sondern wegen ihres Wirkens in ihr, das sie geistig in Gott leben läßt und sie das Leben Gottes erfahren läßt..

die zärtlich mich verwundet –

Allein wie kann gesagt werden, daß die Lohe die Seele verwundet, wo es in dieser doch nichts mehr zu verwunden gibt, wo sie doch schon ganz von Liebesfeuer ausgebeizt ist? Wunderbar ist es: immer wirft die Flamme – bald hier, bald dort – ihre Garben empor – so wie die Liebe niemals müßig ist, sondern in beständiger Bewegung. Und da die Liebe zu treffen pflegt, um die Wonne der Liebe zu erregen, so trifft sie eine solche Seele, in der sie lebendig lodert, mit dem kosenden Sprühfeuer zärtlicher Liebe, fröhlich und festlich in den Künsten und Spielen der Liebe hinschwingend..

bis in der Seele Kern und tiefstes Leben –

In der Substanz der Seele, wohin weder die Sinne noch der Dämon reichen, feiert der Heilige Geist solches Fest. Und je innerlicher es ist, um so ungestörter, wesentlicher und wonniger ist es auch; und je wonniger und entrückter es ist, um so reiner. Und je größer die Reinheit ist, um so überströmender, häufiger und allgemeiner teilt sich Gott mit. ..Und so sind alle Bewegungen der Seele göttlich; und wenn sie auch von Gott herrühren, so sind sie doch auch ihr zueigen, da Gott sie in ihr vollzieht und mit ihr, die mit ihrem Willen zustimmt..

Die Seele, sofern sie Geist ist, gleicht nicht den quantitativen Körpern; ihr eignet weder «hoch» noch «niedrig», weder «tiefer» noch «flacher». Denn in ihr sind keine Teile, in ihr besteht kein Unterschied zwischen innen und außen.. und nicht in quantitativem Sinne hat sie ein tiefes und ein minder tiefes Zentrum.. Bei den Dingen nennen wir jenes das tiefste Zentrum, was Ziel und Grenze ihres Seins und Vermögens ist, Ziel und Grenze für die Kraft ihres Wirkens und ihrer Bewegung.. Das Zentrum der Seele ist Gott. ..Damit die Seele in ihrem Zentrum, in Gott weile, genügt es, daß sie einen Grad Liebe besitze; denn schon durch einen kann sie sich auf Grund der Gnade mit ihm vereinigen. Und nach einem weiteren Grad hat sie sich in einem innerlicheren Zentrum mit Gott vereinigt; und je mehr ihre Liebe sich steigert, um so tiefer dringt sie in Gott ein. ..Bei zwei Graden hat ein innerlicheres Zentrum von ihr sich mit Gott vereinigt und in ihm konzentriert; und bei dreien ballt sich ein noch tieferer Kern ihrer Seele mit Gott zusammen. Und wenn sie bis zum letzten Grad gelangte, dann würde Gottes Liebe sie bis in den tiefsten Kraftkern der Seele treffen, sie nämlich verwandeln und erleuchten nach ihrem ganzen Sein, nach ihrer ganzen Kraft, zu empfangen und zu wirken, so stark, daß sie wie Gott scheint..

Solche Beseligung ist um so größer und zarter, je kraftvoller und wesentlicher die Seele in Gott hinübergebildet und von ihrem ganzen Umfang her in ihm zusammengefaßt und verborgen ist. Und weil dies das Hehrste ist, was sie in diesem Leben erlangen kann – wenn auch nicht mit der gleichen Vollkommenheit wie im jenseitigen – so nennt sie es den tiefsten Kern. Freilich mag ihr die Liebe wohl schon in diesem Leben so vollkommen eingewurzelt sein wie im jenseitigen, doch nicht so vollkommen ist ihr Wirken und ihre Frucht. Und dennoch wachsen Wirkkraft und Frucht der Liebe in dieser Vereinigung bis zu einem Grade, der sich der ewigen Verklärung schon sehr annähert. Und weil die Seele es so erlebt, wagt sie zu sagen, was nur vom anderen Leben zu sagen gewagt wird: «*bis in der Seele Kern und tiefstes Leben!*»

Bei solchem Aufgehen der Seele in die göttliche Weisheit durchbebt sie der Heilige Geist verklärend mit seinem Flammenspiel. Und so von ihm beseligt sagt sie: «*Nicht länger bist du grauenvoll.*» Und damit sagt sie: Nun betrübst und bedrängst und verwüstest du mich nicht mehr wie zuvor.. Denn übergewaltiges Licht muß im unreinen und schwachen Auge zu Finsternis werden..; und so war jene Flamme dem Blick der Erkenntniskraft grauenvoll.. Und da der Wille an sich äußerst trocken und hart ist und die Härte nur im Gegensatz zum Zarten und die Trockenheit nur im Gegensatz zur Liebe empfunden wird, so mußte der Wille seine natürliche Härte und Trockenheit gegenüber Gott empfinden, sobald ihn die Flamme mild und liebreich ergriff; doch die milde Liebe der Flamme konnte er nicht empfinden..

So ist, als sagte sie: Fortan bist du mir nicht mehr dunkel, vielmehr bist du das göttliche Licht meiner Erkenntniskraft, in dem ich dich anschauen kann. Und nicht länger überwältigst du meine Schwachheit; vielmehr bist du die Stärke meines Willens, mit der ich dich lieben und genießen kann, selbst ganz in göttliche Liebe verwandelt. Und nicht länger bist du Last und Bedrängnis für die Substanz meiner Seele; vielmehr bist du ihr selige Wonne und Grenzenlosigkeit. Denn von mir läßt sich sagen, was in dem Hohenlied gesungen wird: «Wer ist sie, die aus der Wüste hervorgeht, schwelgend in Wonnen, gelehnt auf den Geliebten, Liebe ergießend hierhin und dorthin?»

tilg, daß mein Herz gesundet –

Sie sagt: Vollende nun, und vollziehe auf vollkommene Weise die geistliche Ehe, durch die selige Schau deiner Herrlichkeit.. So gewaltig sind jene Feuerstürme von Seligkeit und Liebe, die sich an der Seelenpforte drängen und – deutlich wahrnehmbar – wegen der Enge des irdischen Hauses nicht Einlaß finden, daß es schwach lieben hieße, sich nicht den Eingang in solche Vollkommenheit, in solche Erfüllung der Liebe zu erflehen..

dem süßen Treffen tilg die Trennungsweben!

..Dies «süße Treffen» ist ihr um so köstlicher, je mehr seine Kraft das Gewebe des Lebens zu zerreißen scheint. Das natürliche Sterben der Seelen, die zu solcher Gotteinigung gelangen, mag den äußeren Umständen nach dem Sterben der anderen gleichen. Doch besteht in der Ursache und der Weise des Todes ein großer Unterschied: denn wenn die andern an Krankheit oder Altersschwäche sterben, so mögen diese wohl in einer Krankheit und in reifem Alter sterben; allein ihre Seele wird dem Leibe entwurzelt nur durch einen Liebessturm und ein Liebestreffen, weit erhabener als die früheren, weit machtvoller und sieghafter; denn es vermochte das Gewebe zu zerreißen und das Kleinod der Seele zu entführen. Und so ist der Hinübergang solcher Seelen ganz sanft und verklärt, mehr als es ihr ganzes geistliches Leben war.. Denn hier strömen zur Ganzheit zusammen alle Schätze der Seele; hier münden ein in das Meer alle Liebesströme der Seele, weithingestaut gleich Meeren..

Es ist als ob sie sagte: «O Flamme des Heiligen Geistes, die du mit solch innigster Zärtlichkeit den Kern meiner Seele durchdringst und sie mit deiner seligen Glut gesundbrennst – du Freundliche, geneigt, sich mir im ewigen Leben hinzuschenken, – wenn mein Flehen vor diesem Jetzt bei dir kein Gehör fand, damals, als ich an Leib und Seele wegen meiner großen Schwäche und Unreinheit ..Qual und Not der Liebe erlitt und dich um Loslösung und um Einigung mit dir bestürmte, zu ungeduldig liebend, um mich in die von dir auferlegte Lebensdauer zu schicken –: nun denn, in diesem Jetzt, da ich in der Liebe so gestärkt bin, daß mein Herz und mein Fleisch sich am lebendigen Gott erquicken, in voller Übereinstimmung der Teile – jetzt, da ich gefestigt genug bin, nur das zu erbitten, worum du gebeten sein willst, gefestigt genug, nicht einmal im ersten Anflug eines Gedankens zu begehren, was dir widerstrebt – jetzt zerreiß das leichte Gewebe dieses Lebens, und laß es nicht natürlicherweise abgeschnitten werden von Alter und Bejahrtheit – zerreiß es, daß ich dich unverweilt so ganz und herzhaft lieben kann wie meine Seele begehrt, ohne Schranken und Ende!»

[47] *O Flamme, mild umleckend,*
O Wunde, lind zu dulden,
O holde Hand! O liebliches Durchdringen!

So erhebt die Seele hier den Vater und den Sohn und den Heiligen Geist und verweilt inbrünstig bei drei großen Wohltaten und Gnaden, die sie in ihr wirken – sie, die ihren Tod zu Leben abändern, durch Überformung in ihre Gottheit. Das erste ist die «Wunde, lind zu dulden»; und diese schreibt sie dem Heiligen Geist zu; und darum nennt sie ihn eine Heilglut, mild umleckend. Das zweite ist Verschmecken des ewigen Lebens, und dieses führt sie auf den Sohn zurück; und darum nennt sie es «liebliches Durchdringen». Das dritte ist die Vergottung, eine Gabe, wodurch sie für alles entschädigt wird, und diese legt sie dem Vater bei; und darum nennt sie es «holde Hand». Und wenn sie hier auch drei nennt, wegen der Eigentümlichkeit der Wirkungen, so spricht sie doch nur mit Einem: «*Todbringend willst du höchstes Leben bringen!*» O beglückende Wunde, um so überschwänglicher beglückend, je mehr die beizende Flamme in die innerste Verborgenheit meines Seelenkernes traf, alles entzündend, was entzündbar war, um alles hinzuschenken, was geschenkt werden kann!

Eine solche Flammenwunde ist das Erhabenste, was die gotteinige Seele gewinnen kann. Doch gibt es viele andere Weisen, auf die Gott die Seele durchglüht, wenn sie auch nicht an diese heranreichen. Denn diese ist in der Seele eine Berührung ausschließlich durch die Gottheit, ohne irgendeine Form und Gestalt des Geistes oder der Einbildungskraft. Doch pflegt es eine andere sehr erhabene Weise zu geben, die Seele geistig mit einer heilvollen Wunde zu durchglühen. Hat sie dabei auch noch nicht die hier aufgezeigte Höhe erreicht, so muß sie doch sehr entflammt sein, um das, was ich hier aufzeigen will, zu erleben: es kann geschehen, daß sie sich im Innern von einem Seraph angefallen fühlt und von ihm verletzt mit einem Pfeil oder Dolch, den Liebesfeuer weißglühend machte. . . Doch wer fände angemessene Worte für diesen inwendigen verwundenden Stich, der mitten in das Herz des Geistes zu treffen scheint, dorthin, wo die Seligkeit am seligsten empfunden wird! Denn dort fühlt die Seele etwas wie ein Senfkorn, winzig, quicklebendig und sehr feurig, etwas, das nach allen Seiten ein lebendiges und glühendes Liebesfeuer ausstrahlt, durch alle geistigen und wesentlichen Adern der Seele hin. . . Und in solcher Glut vervollkommnet sich die Liebe so sehr, daß sie in ihr zu Flammenmeeren zu werden scheint, die sich von einem Ende des Weltgebäudes bis zum anderen erdehnen, alles mit Liebe ausfüllend. . . Und wenn Gott es mitunter zuläßt, daß eine Auswirkung bis in das Bereich des Körperlichen dringt, entsprechend der inneren Verwundung, dann bricht die Wunde und Verletzung nach außen hervor, wie es geschah, als der Seraph den heiligen Franz verletzte: als er ihn in der Seele mit den fünf Liebeswunden durchbohrte, da strahlte ihre Wirkung auf jene Weise bis in den Körper aus und verwundete auch ihn, entsprechend der Einprägung in der Seele.. Denn Gott erweist für gewöhnlich dem Körper keinerlei Gnade, die er nicht zuvor und hauptsächlich in der Seele gewirkt hat. Und alsdann ist der äußere Schmerz in den körperlichen Wunden um so größer, je größer die Liebeswonne und Liebesgewalt ist, die von der Wunde innen in der Seele erregt wird. Und mit dem einen wächst das andere. Und solches geschieht, weil bei diesen geläuterten, in Gott starkmütigen Seelen, das, was im verweslichen Fleisch Pein und Schmerz verursacht, in dem starken und gesunden Geist hold und köstlich ist. . . Doch wenn die Verwundung auf die Seele beschränkt ist, anstatt sich auch dem Äußeren mitzuteilen, dann kann die Wonne durchdringender und erhabener sein. Denn da das Fleisch den Geist im Zaum hält, auch wenn es an den geistlichen Gütern Anteil hat, so zügelt es auch hier das leichte Roß des Geistes...

Wenige Seelen gelangen zu so Gewaltigem; aber einige sind dahin gelangt, zumal die Seelen jener, deren Kraft und Geist sich in Erben ausbreiten soll. Denn Gott verleiht den Erstlingen des Geistes, den Gründern, in dem Maße Fülle und Kraft, wie sie Jünger für Gott gewinnen sollen, durch ihre Lehre und ihres Geistes Macht..

O holde Hand! O liebliches Durchdringen –

Diese Hand ist – wir sagten es schon – der barmherzige und allmächtige Vater.. «O Hand, hold für diese meine Seele, auf die du dich liebreich legst – um so holder, als ein nur wenig wuchtigeres Auflegen genügen würde, die ganze Welt zu zerschmettern!... Du verwundetest mich, um mich zu heilen, göttliche Hand! Du tötetest in mir, was mich begraben hielt ohne das Leben Gottes, das ich heut in mir erlebe. Und das gewährtest du verschwenderisch mit deiner großmütigen Gnade. Du gewährtest es mir mit der eindringlichen Berührung durch den Abglanz deiner Herrlichkeit und das Abbild deines Wesens, durch deinen eingeborenen Sohn..

O denn abermals und viele Male: Du zarte Berührung – je zarter, desto stärker und gewaltiger – da du mit der Kraft deiner Zartheit die Seele zerlösest und von allen anderen Berührungen absonderst!»

Und man muß wissen, daß eine Sache um so ausgedehnter und um so stärker an latenter Kraft ist, je feiner sie in sich ist; und sie ist um so diffuser und ausfüllender, je feiner und zarter sie ist. Das Wort, das die Seele berührt, ist über die Maßen fein und zart. Die Seele ist das weite und aufnahmefähige Gefäß, wegen der hohen Feinheit und Geläutertheit, die ihr in diesem Stande eignen. «O denn, zarte Berührung, die sich um so reicher und überströmender meiner Seele eingießt, je größer deine Zartheit und die Reinheit meiner Seele ist!.. Und abermals: unsäglich zarte Berührung des Wortes, da sie sich in der Seele mit nichts Geringerem vollzieht als mit deiner ureinfachen Substanz und mit deinem innersten Wesen!»

Todbringend willst du höchstes Leben bringen –

...Im Geistigen gibt es zwei Arten von Leben: das eine ist das selige Leben, das in der Anschauung Gottes besteht;

und dieses kann nur durch körperlichen und natürlichen Tod gewonnen werden. ..Das andere ist vollkommenes, vergeistigtes Leben; und dieses wird gewonnen durch das gänzliche Ersterben der Laster und Triebe und der Natur selber. ..Die Erkenntniskraft einer Seele, die solches erlangte, ist Erkenntniskraft Gottes, ihr Wille ist Wille Gottes, ihr Gedächtnis ewiges Gedächtnis Gottes, ihre Freude Freude Gottes. Und das Wesen dieser Seele, es kann zwar nicht Wesen Gottes werden, da es nicht wesenhaft in ihn übergehen kann; allein da es mit ihm geeint und in ihm aufgegangen ist, so ist es vergöttlicht durch Teilhaben an Gott..

Die Verdienste der Seele in solcher Gotteinigung sind groß an Zahl und Wert; und zumeist singt sie in ihrem Geiste zu Gott empor.. Und es ist nicht verwunderlich, daß die Seele so überaus häufig bei solchem Gottesgenuß in Gottesjubel und Gotteslob sich ergeht; denn zu ihrer Vergegenwärtigung empfangener und erkannter Gnaden fühlt sie überdies Gottes Eifer, sie mit kostbaren, sanften und liebreichen Worten zu beschenken, so als gäbe es niemanden auf der Welt zu beschenken außer ihr.

O Leuchten voll von Brünsten –

[48] Gott möge mir hier seine Gunst gewähren. Denn ich bedarf ihrer wahrhaftig in hohem Maße, um die Tiefe dieser Kanzone auszudeuten. Und wer diese Deutung lesen sollte, bedarf der Vertiefung. Denn wenn er keine Erfahrung besitzt, mag sie ihm etwas dunkel und weitläufig scheinen, so wie sie ihm, falls er solche Erfahrung besitzt, klar und wohltuend sein wird.

In dieser Kanzone dankt die Seele ihrem Gemahl inbrünstig für die erhabenen Gnaden, die ihr aus der Einigung mit ihm zuteil werden. Und sie spricht ihm von den zahlreichen und tiefen Einsichten in sich selber, die allesamt liebreich ihre Kräfte und Sinne erleuchten und durchflammen. Kräfte und Sinne der Seele, vor dieser Einigung dunkel und blind, sie sind jetzt erhellt und liebeglühend genug, um dem, der sie erleuchtete und entzündete, Licht und Glut zu schenken. Denn der wahrhaft Liebende ist erst dann befriedigt, wenn er alles, was er ist und wert ist, alles, was er besitzt und empfängt, dem Geliebten zubringt.. Und darüber jubelt die Seele, daß sie mit der empfangenen Erleuchtung und Liebe vor dem Geliebten leuchten und ihn lieben kann..

Zwei Eigenschaften haben die Leuchten: sie erhellen und erwärmen. Zum Verständnis dieser Leuchten, von denen die Seele erwärmt und erhellt wird, sei gesagt: Gott ist in der Ganzheit seines einfachen Wesens die ganze erhabene Kraft seiner Eigenschaften. Allmächtig ist er, weise und gut, barmherzig und gerecht, stark und liebreich und eine Unendlichkeit von Herrlichkeiten, die wir nicht kennen.. Und da er mit der Seele vereinigt ist, mag er wohl ihren Sinn öffnen und sie gewahren lassen, wie jede dieser Eigenschaften das Wesen Gottes selber ist, in einer Person verdeutlicht, im Vater oder im Sohne oder im Geiste, wobei jede Eigenschaft Gott selber ist und Gott unendliches Licht und unendliches göttliches Feuer..

Die Seligkeit, die sich bei dieser Liebesverzückung in die Seele ergießt und die von der Feurigkeit der Leuchten ausgeht, ist staunenswert und grenzenlos. Denn dieses Feuer ist überwältigend wie von vielen Leuchten; und eine jede von ihnen entflammt zur Liebe, und die Glut der einen steigert die Glut der anderen, und die Flamme der einen auch die Flamme der anderen, so wie das Licht der einen auch das Licht der anderen. Denn in einer der göttlichen Eigenschaften werden die anderen miterkannt, und so sind sie alle zusammen ein Licht und ein Feuer, und jede von ihnen ein Licht und ein Feuer. Und nun ist die Seele unsäglich übergegangen in lichte Flammen, in jeder innig durch Liebe versehrt und in ihnen allen noch tiefer verwundet. Und sie lebt in Liebe das Leben Gottes, sehr wohl innewerdend, daß solche Liebe dem ewigen Leben eignet, ihm, das Zusammenfassung alles Werten ist.

Dank deren Widerscheine –

..Diese widerscheinenden Lichter sind die liebreichen Einsichten, die von jenen Leuchten, von den Eigenschaften Gottes in die Seele eingestrahlt werden.. Und diese Bewegungen von Gott und der Seele zusammen sind nicht nur Schein und Widerschein, sondern gloriengleiche Verklärungen in der Seele. ..Allein diese Bewegungen der Leuchten sind mehr Bewegungen der Seele als Bewegungen Gottes, denn Gott bewegt sich nicht. Und so sind diese Einblicke der Seele in die Seligkeit fest, vollkommen und anhaltend, mit der wankellosen Heiterkeit Gottes, so wie es für die Seele auch nachher sein wird, ohne Anschwellen und Abschwellen, ohne unterbrechende Bewegungen. ..Nur weil die Seele noch nicht vollkommen verklärt ist, erscheint ihre Erfahrung der Seligkeit noch durchbebt von jenen Erschütterungen und Flammenzungen..

O staunenswerte Herrlichkeit Gottes, darinnen diese Leuchten der göttlichen Eigenschaften nur ein einfaches Sein sind und gerade als solches genossen werden und dennoch auch getrennt genossen werden, die eine so entflammt wie die andere, und eine jede wesentlich die andere! O Abgrund der Wonne, der umso verschwenderischer überquillt, je mehr deine Schätze in der unendlichen Ganzheit und Einfalt deines einzigen Wesens zusammengefaßt sind! Darinnen das eine derart erfaßt und genossen wird, daß es nicht das vollkommene Erfassen und Genießen des anderen hindert – darinnen vielmehr eine beliebige Huld und Kraft von dir das Licht einer beliebigen anderen von deinen erhabenen Eigenschaften ist! Wird doch dank deiner Lauterkeit, o göttliche Weisheit, Vieles in dir gesehen, wo Eines gesehen wird!

des Sinns abgründige Höhlen ohne Enden –

Diese Höhlen sind die Seelenkräfte, Gedächtnis, Erkenntniskraft und Willenskraft. Und diese sind in dem Maße tief, wie sie aufnahmefähig für große Güter sind. Denn durch nichts werden sie ausgefüllt, es sei denn durch Unendliches. An dem, was sie leiden, wenn sie leer sind, läßt sich in etwa ermessen, wie beseligt sie sind, wenn ihr Gott sie ausfüllt. ..Wenn diese Höhlungen der Seelenkräfte nicht leer und geläutert sind und frei von aller Hinneigung zu Geschöpfen, dann empfinden sie nicht die gähnende Leere ihrer tiefen Aufnahmefähigkeit. Denn in diesem Leben genügt jedes sich darin einnistende Dingelchen, um sie so zu behindern und derart betäubt zu machen, daß sie nicht ihren Verlust empfinden und ebensowenig die ihnen bestimmten grenzenlosen Güter vermissen, und daß sie sich ihrer Aufnahmefähigkeit nicht bewußt sind. ..Allein wenn jene Höhlungen leer und ausgeräumt sind, dann wird das Dürsten und Schmachten des geistlichen Sinnes unerträglich; denn die Aufnahmeorgane dieser Höhlungen sind tief und leiden darum tief, wie auch die Speise, die ihnen mangelt, tief ist, Gott selber. Und dieses leidenschaftliche Schmachten befällt die Seele zumeist gegen Ende ihrer Erleuchtung und Läuterung, noch vor der Gotteinigung, darin jenes geistige Schmachten gestillt wird. Denn ist einmal das geistige Verlangen frei und rein von jedem Geschöpf und von jeder Zuneigung zum Geschöpflichen, ist seine natürliche Beschaffenheit verschwunden, dann ist es schon abgestimmt auf das Göttliche, und die Leere in ihm wartet auf Erfüllung; und da ihm zu dieser Zeit das Göttliche noch nicht in der Gotteinigung mitgeteilt wird, so ist das Leiden unter solchem Dürsten und solcher Leere schlimmer als Tod..

Es muß in diesem Zusammenhang unterschieden werden zwischen einem Besitzen Gottes durch Gnade und nur in sich selber – und einem Besitzen Gottes auch in der Einigung; das eine bedeutet sich innig lieben, das andere bedeutet überdies sich austauschen. ..Wenn der Wille Gottes sich mit dem Willen der Seele in einem bereiten und freien «Ja» zusammenfindet, dann hat die Seele Gott durch ihren begnadeten Willen gewonnen, soweit sie es durch ihren

Willen und Gottes Gnade vermag; und das bedeutet: Gott hat ihr zugleich mit ihrem Ja das ganze und wahrhafte Ja seiner Gnade gegeben. Und das ist ein hoher Stand, das mystische Verlöbnis der Seele mit Gott dem Wort. Und in dieser Zeit empfängt sie von ihrem Bräutigam große Gnaden und häufig die liebreichsten Heimsuchungen.. Doch können sie sich nicht vergleichen mit jenen der mystischen Ehe. Sind sie doch allesamt nur Vorbereitungen für die Einigung der mystischen Ehe. Wohl ist die Seele, die des mystischen Verlöbnisses würdig wurde und dessen hohe Gnaden erfährt, ganzlich entleert von jeder Hinneigung zu Geschöpfen. Und dennoch bedarf sie anderer, bedarf sie positiver Vorbereitung durch Gott – in Heimsuchungen und Gaben, die sie derart läutern, verschönen und veredeln, daß sie so erhabener Einigung würdig wird..

Und in dieser Zeit des Verlöbnisses, bei dem Erharren der mystischen Ehe, in den Salbungen des Heiligen Geistes.., da pflegt das Verlangen in den tiefen Aushöhlungen der Seele überaus eindringlich und gewaltig zu sein. ..Denn das Verlangen nach Gott ist Vorbereitung für die Gotteinigung.

Hier wäre wohl die rechte Stelle, um jene Seelen, die von Gott so zarte Salbung empfangen, zu warnen, damit sie zusehn, wem sie sich anvertrauen, und wer sie wirklich fördert. Allein das führt von unserem Ziele ab. Und dennoch! So großes Erbarmen ergreift mein Herz beim Anblick der Seelen, die zurückgleiten und den Salbungen Gottes nicht stillhalten und sie sogar verschmähen; und so muß ich sie beraten, wie sie solche Schädigung vermeiden können..

Vor allem muß man wissen: wenn die Seele Gott sucht – dann sucht viel mehr ihr geliebter Gott die Seele.. Gott ist der eigentlich Handelnde, der Führer dieser Blinden, der sie an der Hand durch das Unbekannte geleitet.. Und es sei beachtet: für diesen Weg, zum mindesten für die oberste Strecke, aber auch für die mittlere, wird kaum ein Führer gefunden, der alle Erfordernisse erfüllt. Umsicht und Unterscheidungsgabe genügen hier nicht, es muß einer darüber hinaus Erfahrung besitzen. Denn um den Geist zu führen, bedarf es wohl des Wissens und der Urteilskraft als Grundlage. Allein fehlt die Erfahrung dessen, was reiner und wahrer Geist ist, so wird es nicht glücken, die Seele in dem von Gott Empfangenen zu prüfen, oder auch nur, solchen Geist zu verstehen.

Auf diese Weise fügen viele geistliche Meister den Seelen großen Schaden zu. Sie begreifen nicht die Eigenwege des Geistes; und so lassen sie die Seelen jene zarte Salbung verlieren, womit der Heilige Geist sie für sich selber vorbereitet, und lehren sie mit selbstgebrauchten oder irgendwo angelesenen Weisen auf der Erde zu kriechen, wie es vielleicht für Anfangende taugen mag. Mehr wissen sie nicht – und wollte Gott, daß sie dieses hinreichend wüßten! So lassen sie die Seelen, die Gott emportragen will, in den Anfängen stecken, weshalb sie niemals über die Betätigung des Verstandes und der Phantasie und damit niemals über die natürliche Fassungskraft hinausgelangen und recht wenig Wertvolles davontragen..

O ernste Sache, verwunderliche, daß der Schaden nicht hervortritt und die Störung dieser heiligen Salbung fast ein Nichts erscheint! Und doch ist der Schaden alsdann größer und beklagenswerter, als wenn viele jener durchschnittlichen Seelen gestört und verdorben würden, solche, die nicht durch so erhabenen Glanz und feinen Schmelz hervorragen. Wenn etwa eine plumpe Hand ein wunderschönes und innig gemaltes Gesicht mit rohen und gemeinen Farben übertünchte, dann würde der Schaden größer und beklagenswerter sein, als wenn viele Gesichter von gewöhnlicher Malerei übermalt würden. Denn ist jene innige Künstlerhand, die des Heiligen Geistes, einmal durch Stümperhand gestört – wer brächte sie dazu, von neuem anzusetzen?..

Wer solche Seelen führt, der möge sich bewußt sein, daß der eigentliche Beweger und Führer der Seelen nicht er ist, sondern der unablässig um sie bemühte Heilige Geist. ..Und so sei denn sein ganzes Bestreben, diese nicht eigensinnig seiner eigenen Weise anzugleichen, sondern sich zu prüfen, ob er den Weg erkennt, den Gott sie führt; und wenn er ihn nicht erkennt, dann soll er jene Gott überlassen, anstatt sie zu verstören. . . Der Sonnenstrahl kann nicht anders als in eine unverhüllte und freigeräumte Stätte einfallen. So wie die Sonne sich früh erhebt, um in dein Haus einzudringen, sobald du nur die Fensterläden öffnest, so wird Gott . . in die leere Seele einfallen und sie mit göttlichen Gaben erfüllen . .

Sage darum nicht: «O die Seele kommt nicht voran, weil sie nichts tut!» Wenn es wahr ist, daß sie «nichts tut», so will ich dir eben daraus beweisen, daß sie viel tut: Wenn sich die Erkenntniskraft von natürlichen oder geistlichen Sonderinhalten befreit, dann schreitet sie voran . . zum höchsten übernatürlichen Gut.

O du wirst sagen, daß sie hier nichts deutlich erkennt und darum nicht vorankommen kann. Ich sage dir aber, daß sie nicht vorwärts kommt, solange sie deutlich erkennt. Und zwar aus dem Grunde, weil Gott, das Ziel der Erkenntniskraft, eben diese Kraft übersteigt. . . Und so hat sich die Erkenntniskraft eher von sich selber und ihren Erkenntnissen zu entfernen, um sich Gott anzunähern.

O du wirst sagen, daß der Wille müßig bleibt und nicht lieben kann, wenn die Erkenntniskraft nicht deutlich erkennt. . . Gott aber kann sich einer einzigen Seelenkraft mitteilen und die anderen ausschließen; so kann er den Willen durch die inbrünstige Berührung seiner Liebe entflammen, ohne daß die Erkenntniskraft es begreift – so wie jemand vom Feuer erwärmt werden kann, auch ohne es zu sehen . .

Nicht jeder, der ein Holz zurechthobeln kann, vermag ein Bild daraus zu schnitzen; und nicht jeder, der es im Groben zu schnitzen weiß, vermag es auszuarbeiten und zu glätten; und nicht jeder, der es zu glätten weiß, vermag es zu bemalen; und nicht jeder, der es zu bemalen weiß, vermag ihm die letzte Vollendung zu geben . . Und – laß uns sehen! Du, der nur abzuhobeln vermag, das heißt, der du die Seele nur bis zur Weltverachtung und bis zur Abtötung ihrer Leidenschaften und Triebe bringst, oder der du bestenfalls im Groben schnitzest und die Seele bis zu heiligen Meditationen und nicht weiter förderst, wie wirst du diese Seele bis zu letzter Vollkommenheit zarter Bemalung bringen?..

Du vergewaltigst die Seelen auf diese Art, du nimmst ihnen dermaßen die Freiheit und maßest dir selber die ganze Weite der evangelischen Lehre an, daß du sie nicht nur bei dir festhalten willst, nein, schlimmer, daß du dich ereiferst, wenn sie bei einem anderen irgendwelche Klärung gesucht hat.. Ich sage es nicht ohne Scham: Du machst ihr Auftritte der Eifersucht, wie sie zwischen Eheleuten vorkommen. Das ist kein Eifern für Gottes Ehre oder für das Heil jener Seele, ..sondern nur Eifern deiner Anmaßung und deines Hochmuts oder einer anderen unvollkommenen Regung..

Doch kehren wir zurück zu den tiefen Höhlen der Seelenkräfte.. Überaus zutreffend werden sie von der Seele «tiefe Höhlen» genannt; denn mit ihrer Hilfe und in ihnen fühlt und genießt sie aufs tiefste die Erhabenheiten göttlicher Weisheit und Kraft. ..Da sie fühlt, wie in diese die tiefen Einsichten und Widerscheine der Feuerleuchten eingehen, so erkennt sie auch, daß sie so viel Aufnahmefähigkeit und schoßgleiche Buchten besitzt, wie sie von Gott unterschiedliche Einsichten, Genüße und Freuden empfängt. All dieses wird in diesem Sinn der Seele empfangen und zusammengehalten, in dieser Fassungskraft der Seele, das All und seine Ganzheit zu erleben, zu besitzen und zu genießen. So wie der innere Sinn der Phantasie angereichert wird von den Wahrnehmungen der äußeren Sinne, und wie er zu ihrer Schatzkammer wird, so ist der innere Sinn der Seele Schatzkammer der Herrlichkeiten Gottes; und er ist in dem Maße glanzvoll und reich, wie er von diesem hehren, strahlenden Besitz in sich bergen kann.

in fremder Himmelsreine
dem Liebsten beides, Licht und Wärme spenden.

Da die Seele kraft ihrer wesenhaften Überformung zu Gottes Schatten geworden ist, so wirkt sie in Gott durch Gott, was er in ihr durch sich selber wirkt; und sie tut es auf seine Weise. Denn der Wille der beiden ist eins. Und so ist Gottes Wirken eins mit ihrem Wirken. Wenn Gott sich demnach mit freiem, gnadenreichem Willen ihr hingibt, so tut sie das gleiche, kraft ihres Willens, der um so freier und freigebiger ist, je mehr er mit Gott geeint ist: in Gott schenkt sie Gott an Gott selber. Und es ist eine wahrhafte und vollständige Gabe der Seele an Gott. Denn hier wird es der Seele bewußt, daß Gott wirklich ihr Eigen ist,.. und daß sie ihn als ihr Eigen gemäß ihrem liebenden Willen verschenken und mitteilen kann. Und so gibt sie ihn ihrem Geliebten, gibt ihn an Gott selber, der sich an sie hingab. Und so zahlt sie Gott zurück, was sie ihm schuldet..

Die Seele schenkt ihn hin – als ihr Eigen – an den Heiligen Geist, mit willentlicher Hingabe, damit er in diesem Geist nach seinem Wert geliebt werde. Und daraus gewinnt die Seele unergründliche Wonne und Seligkeit; wird sie doch inne, daß sie Gott etwas ihr Eigenes schenkt, eine Gabe, die ihm nach seinem unendlichen Sein entspricht. Und wenn die Seele auch in Wahrheit Gott nicht ihm selber geben kann, so tut sie es doch von sich aus in aller Vollkommenheit und Wahrhaftigkeit, alles hingebend, was er ihr gab, weil sich die Liebe nur an solcher Gleichheit von Geben und Nehmen ersättigt. Und Gott ist befriedigt von solcher Gabe der Seele – denn Geringeres könnte ihn nicht zufriedenstellen. Und so entsteht zwischen Gott und der Seele wirklich eine wechselseitige Liebe, in Übereinstimmung mit der ehelichen Vereinigung und Hingabe, wobei das Gut der beiden, nämlich die göttliche Wesenheit, von jedem auf freie Weise besessen wird, auf Grund der freiwilligen Hingabe des einen an den anderen,.. entsprechend den Worten, die der heilige Johannes verzeichnet: «Alles, was mein ist, ist dein; und was dein ist, ist mein».. Daß die Seele ein so großes Geschenk darbringen kann, obgleich es ihr eigenes Sein und Können weit übersteigt, das ist klar. Denn es kann unleugbar ein Herr über viele Völker und Reiche, die von viel größerer Gewichtigkeit sind als er selber, sie dennoch nach seinem Belieben verschenken.

Das ist die große Befriedigung und Genugtuung der Seele, Gott ersichtlich mehr zu geben, als sie in sich ist und wert ist – Gott als ihr Eigentum mit größter Freigebigkeit an Gott selber zu geben, mit der gleichen göttlichen Helle und göttlichen Glut, die sie empfängt. Und solches vollzieht sich im anderen Leben kraft des Lichtes der Glorie und in diesem kraft des ganz aufgehellten Glaubens.

[49] *Wie liebreich und verstohlen*
erwachst du..
mit würzigem Atemholen.

..Die Seele nimmt hier ihr Gleichnis von einem Schläfer, der erwacht und tief Atem holt... Und wirklich, so erlebt sie es.. Es ist das eine Bewegung des Wortes in der Substanz der Seele, von solcher Größe und Machtfülle und Beseligung, von so verzückender Innigkeit, daß für die Seele alle Balsampflanzen und Duftblüten der Welt ineinanderschwellen und ihre Süße hinausschleudern – derart, daß alle Reiche und Herrschaften der Welt und alle Gewalten und Kräfte des Himmels sich bewegen. Und nicht nur dies: es dünkt sie auch, daß alle Geschöpfe, alle Kräfte, Substanzen, Vollkommenheiten und Gaben alles Geschaffenen aufleuchtend sich mitbewegen, jedes für sich und alle einhellig miteinander,.. in der Weise, wie bei der Bewegung der Erde alle natürlichen Dinge auf ihr sich mitbewegen, so als wären sie nichts..

Wenngleich die Seele hier zu erkennen vermag, daß diese Dinge als geschaffene von Gott unterschieden sind,.. so erkennt sie doch auch, daß Gott in seinem Wesen mit unendlicher Überlegenheit all dieses Geschaffene ist. Und so erfaßt sie die Geschöpfe besser in seinem Wesen als in ihnen selber. Und das ist das Entflammende solchen Wachwerdens: durch Gott die Geschöpfe zu erkennen und nicht durch die Geschöpfe Gott. Das heißt die Wirkungen aus ihrem Urgrund erkennen und nicht den Urgrund aus den Wirkungen. Und diese ist eine abgeleitete, jene aber eine wesentliche Erkenntnis..

Die Weisheit ist aktiver als alle aktiven Dinge.. Es sieht die Seele mit einem einzigen Blick, was Gott in sich und was er in seinen Geschöpfen ist – vergleichbar jemandem, der in einen Palast eintritt und zugleich das erhabene Wesen des darin Thronenden und sein Wirken gewahrt. ..Von ihm werden einige der vielen Schleier vor ihren Augen hinweggezogen, damit sie ihn schaue, wie er ist. Und hindurch schimmert durch die noch verbliebenen Schleier sein gnadenreiches Antlitz, im Dämmerlicht. Und wie er alle Dinge mit seiner Kraft bewegt, so erschimmert zugleich mit ihm das, was er wirkt. Und in unaufhörlicher Regung scheint er sich in ihnen, scheinen sie sich in ihm zu bewegen..

Für die Seele in dieser Vollkommenheit ist er nicht geheim. Fühlt sie doch immer in sich diese innige Umarmung; allein was jene Erweckungen angeht, so bestehen sie nicht immer. Wenn der Geliebte sie erregt, dann scheint es der Seele, daß er in ihrem Schoße, wo er wie schlafend war, sich erwecke. Denn obgleich sie ihn schon zuvor empfand und verkostete, so war er ihr dabei doch wie ein in ihrem Schoß Entschlummerter. Schläft einer von zwei Liebenden, so ruht der Austausch von Einsichten und Zärtlichkeiten zwischen ihnen, bis alle beide wieder wach sind.

O wie selig ist die Seele, die es ohne Unterlaß fühlt, wie Gott in ihrem Schoß tiefe Ruhe findet! O wie sehr muß sie sich von den Dingen absondern, Geschäftigkeit fliehen und mit grenzenloser Gelassenheit leben! Nur so wird der Geliebte durch keine, auch nicht die geringste Störung beunruhigt, nur so wird er ihr nicht entgleiten.

«*Mit würzigem Atemholen*» ..mit solchem Hauche erfüllt Gott die Seele mit seliger Verklärung und inniger Liebe..

Doch davon möchte ich nicht, davon will ich nicht künden, weil ich klar sehe, daß ich es nicht auskünden kann..

Es ist ein Anhauch voll seliger Verklärung. Und durch ihn erfüllt der Heilige Geist die Seele mit seliger Verklärung. Und so wird die Seele in Liebe zu ihm entzündet, über alles Sagen und alle Sinne hinaus, in den Tiefen Gottes.

ANMERKUNGEN

ZEITTAFEL

1542: Geburt in Fontiveros (Avila)
1563: Eintritt in den Karmel von Medina del Campo
1567: Priesterweihe in Salamanca
1568: 28. November Beginn der Reform in Duruelo
1571: April Rektor in Alcalá
1572: Beichtvater im Kloster der Menschwerdung, Avila
Dez. 1577–Aug. 1578 im Kerker zu Toledo.
1578 – 1579 Oktober: stellv. Prior des Calvario
1579 – 1582 Juni: Gründer und Rektor in Baeza
1582 – 1585: Prior in Granada
1585 – 1587: Stellvertreter des Provinzials von Andalusien
1587 – 1588: April Prior in Granada
1588 – 1591: Prior in Segovia und Generalberater
1591: 14. Dezember Tod in Ubeda (Jaen)
1675: Seligsprechung unter Klemens X.
1726: Heiligsprechung unter Benedikt XIII.
1926: Erhebung zum Kirchenlehrer unter Pius XI.

BENÜTZTE AUSGABE

Obras de San Juan de la Cruz, ed. P. Gerardo de San Juan de la Cruz, Toledo 1912–1914

Ein Teil der Übertragungen aus den Werken Juans de la Cruz ist mit freundlicher Genehmigung des Patmos-Verlages übernommen aus meinem Werke «Spanische Mystik, Vergleichende Darlegung und Deutung», Patmos-Verlag 1957.

ABKÜRZUNGEN

N. O. = Noche Oscura, Obras de San Juan de la Cruz, Bd. I/II
C. E. = Cántico Espiritual, Obras de San Juan de la Cruz, Bd. II
Llama = Llama de amor viva, Obras de San Juan de la Cruz, Bd. II

VERZEICHNIS DER STELLEN

I. DIE DUNKLE NACHT

1 N. O. 1,8 s. 25f

1. Die Nacht der Sinne

2 N. O. I, 1 S. 6f, 3 N. O. I, 8 S. 26f, 4 N. O. 1, 3 S. 12f, 5 N. O. I, 7 S. 22, 6 N. O. I, 3 S. 13, 7 N. O. I, 9 S. 29f, 8 Subida S. 90f, 9 N. O. I, 13 S. 46, 10 N. O. I, 11 S. 35, 11 N. O. II, 16 S. 102, 12 N. O. I, 13 S. 44f, 13 N. O. I, 12 S. 39f, 14 N. O. I, 14 S. 49f.

2. Die Nacht des Geistes

15 N. O. II, 1 S. 51f, 16 N. O. II, 3 S. 56 17 N. O. II, 4 S. 57f, 18 N. O. II, 5 S. 59f, 19 N. O. II, 6 S. 61f, 20 N. O. II, 7 S. 66f, 21 N. O. II, 4 S. 73f, 22 N. O. II, 9 S. 75f, 23 N. O. II, 11 S.85f, 24 N. O. II, 13 S. 88f 25 N. O. II, 13 S. 91f, 26 N. O. II, 16 S. 99f, 27 N. O. II, 17 S. 105f, 28 N. O. II, 24 S. 132.

II. GEISTLICHER GESANG

29 Aus dem Vorwort zum Cántico Espiritual Bd. II S. 159f, 30 C. E. II, IXI S. 163f, 31 C. E. II, XIII S. 225f, 32 C. E. II, XIV S. 233f, 33 C. E. II, XV S. 243f, 34 C. E. II, XVII S. 253f, 35 C. E. II, XX/XXI S. 267f, 36 C. E. II, XXIII S. 282f, 37 C. E. II, XXIV S. 285f, 38 C. E. II, XXX S. 318f, 39 C. E. II, XXXIII S. 332f, 40 C. E. II, XXXIV/XXXV S. 337f, 41 C. E. II, XXXVI S. S. 343f, 42 C. E. II, XXXVII S. 348f, 43 C. E. II, XXXVIII S.353f, 44 C. E. II, XXXIX S. 358f.

III. LEBENDIGE LIEBESFLAMME

45 Llama, Vorwort, S. 383f, 46 Llama, I S. 386f, 47 Llama, II S. 409f, 48 Llama, III S. 429f, 49 Llama, IV S. 475f.

10230/1001-57

Klassiker der Meditation

Diese Reihe will Texte großer Gestalten der christlichen Meditation den Menschen unserer Zeit wieder zugänglich machen. Zum größten Teil sind es Texte, die früher schon in irgendeiner Form veröffentlicht worden sind. Aber auch Schriften, die im deutschen Sprachraum bisher unveröffentlicht blieben, sollen hier präsentiert werden.

Bisher erschienen:

Teresa von Avila
Wege zum Gebet
Eine Textauswahl
Ausgewählt und übersetzt von Irene Behn
176 Seiten, broschiert, 9.80

Kleine Philokalie
Belehrungen der Mönchsväter der Ostkirche über das Gebet
Ausgewählt und übersetzt von Matthias Dietz, eingeleitet von Igor Smolitsch
190 Seiten, broschiert, 9.80

John Henry Newman
Christliches Reifen
Texte zur religiösen Lebensgestaltung
Gesammelt, eingeleitet und übersetzt von Otto Karrer
350 Seiten, broschiert, 9.80

Benziger

Klassiker der Meditation

Deutsche Mystiker

Eine Textauswahl
Herausgegeben und eingeleitet von Gundolf Gieraths
133 Seiten, broschiert, 9.80

Franz von Sales
Über die Gottesliebe

Mit einer Kurzbiographie des Heiligen von Reinhold Schneider
Ausgewählt und übersetzt von Elisabeth Nikrin
184 Seiten, broschiert, 9.80

C. S. Lewis
Das Gespräch mit Gott

Bemerkungen zu den Psalmen
Aus dem Englischen übersetzt von Alfred Kuoni
176 Seiten, broschiert, ca. 9.80

Im Leiden Gott begegnen

Erfahrungen großer Mystiker
Eine Textauswahl
Herausgegeben und eingeleitet von Gundolf Gieraths
160 Seiten, broschiert, 9.80